国家出版基金项目

NATIONAL PUBLICATION FOUNDATION

胸怀天下

百年奋斗的世界眼光

党的百年奋斗历史经验丛书

2022年主题出版重点出版物

总主编 辛向阳

刘 洋 著

山东城市出版传媒集团·济南出版社

图书在版编目(CIP)数据

胸怀天下:百年奋斗的世界眼光/刘洋著. —
济南:济南出版社,2022.12
(党的百年奋斗历史经验丛书/辛向阳总主编)
ISBN 978 – 7 – 5488 – 5023 – 6

Ⅰ.①胸… Ⅱ.①刘… Ⅲ.①中国共产党—党的建设
—研究 Ⅳ.①D26

中国版本图书馆 CIP 数据核字(2022)第 228104 号

胸怀天下:百年奋斗的世界眼光
XIONGHUAI TIANXIA:BAINIAN FENDOU DE SHIJIE YANGUANG

出 版 人	田俊林
责任编辑	樊庆兰 张 倩
封面设计	胡大伟
出版发行	济南出版社
地 址	山东省济南市二环南路 1 号(250002)
印 刷	山东省东营市新华印刷厂
版 次	2022 年 12 月第 1 版
印 次	2023 年 5 月第 1 次印刷
成品尺寸	170 mm×240 mm 16 开
印 张	11.25
字 数	130 千
定 价	59.00 元

(济南版图书,如有印装错误,请与出版社联系调换。联系电话:0531 – 86131736)

总　序

辛向阳

从 1921 年成立到现在,中国共产党一路走来,筚路蓝缕,披荆斩棘,栉风沐雨,不断从胜利走向胜利,从一个辉煌走向另一个辉煌,已经走过了一百多年的历程。正如习近平总书记在庆祝中国共产党成立 100 周年大会上的讲话中所指出:"一百年来,中国共产党团结带领中国人民,以'为有牺牲多壮志,敢教日月换新天'的大无畏气概,书写了中华民族几千年历史上最恢宏的史诗。"一百多年前,党成立时只有 50 多名党员。今天,党已经成为拥有近一亿名党员、领导着 14 亿多人口大国、具有重大全球影响力的世界第一大执政党。一百多年前,中华民族呈现在世界面前的是一派衰败凋零的景象。今天,中华民族向世界展现的是一派欣欣向荣、朝气蓬勃的气象,正以不可阻挡的步伐迈向伟大复兴。这一百多年,有英勇顽强的奋斗,有艰难曲折的探索,有波澜壮阔的历程,也有动人心魄的故事,党历经淬炼,成就斐然。党自成立以来,始终把"为中国人民谋幸福、为中华民族谋复兴"作为自己的初心使命,以"为人类谋进步、为世界谋大同"彰显自己的天下情怀,始终坚持共产主义理想和社会主义信念,团结带领全国各族人民为争取民族独立、人民解放和实现国家富强、人民幸福以及强国建设、民族复兴而不懈奋斗，领导党和国家事业取得了历史性成就、实现了历史性变革、积累了历史性经验。

总结党的奋斗历程中的历史经验，既是党的优良传统，也是党的独特优势。过去一百多年，中国共产党向人民、向历史交出了一份优异的答卷。现在，中国共产党团结带领中国人民又踏上了实现第二个百年奋斗目标新的赶考之路，这就更加需要我们深刻总结党长期奋斗的历史经验。我们党历来高度重视总结历史经验。早在延安时期，毛泽东同志强调："如果不把党的历史搞清楚，不把党在历史上所走的路搞清楚，便不能把事情办得更好。"进入改革开放和社会主义现代化建设新时期，邓小平同志指出："历史上成功的经验是宝贵财富，错误的经验、失败的经验也是宝贵财富。这样来制定方针政策，就能统一全党思想，达到新的团结。这样的基础是最可靠的。"中国特色社会主义进入新时代，习近平总书记强调指出："历史是最好的教科书"，"历史是一面镜子"，"对我们共产党人来说，中国革命历史是最好的营养剂。多重温我们党领导人民进行革命的伟大历史，心中就会增加很多正能量"。习近平总书记还强调："中国历史是中国人民、中华民族坚持不懈的创业史和发展史。其中既有升平之世社会发展进步的丰富经验，也有衰乱之世的深刻教训以及由乱到治的经验智慧；既有当事者对时势的分析陈述，也有后人对前人得失的评论总结。可以说，在中国的史籍书林之中，蕴涵着十分丰富的治国理政的历史经验"，"我们学习历史，要结合我们正在干的事业和正在做的事情，善于借鉴历史上治理国家和社会的各种有益经验"。

在党的一百多年历史上，1945年4月党的六届七中全会通过《关于若干历史问题的决议》，1981年6月党的十一届六中全会通过《关于建国以来党的若干历史问题的决议》,2021 年 11 月党的十九届六中全会通过《中共中央关于党的百年奋斗重大成就和历史经验的决议》。这三个历史决议虽然诞生的历史背景、形成的现实条件和阐述的具体内容有所不同,但都以实事求是的原则总结了党的重大历史事件和重要经验教训,在重大历史关头统一了全党思想和行动,对推进党和人民事业发挥了重要引领作用。这三个历史决议贯通历史、现实和未来,深刻阐述了党团结带领人民争取民族独立、人民解放和实现国家富强、人民幸福以及开展强国建设、民族复兴的光辉历程,系统总结了党领导人民进行革命、建设、改革的历史经验,科学揭示了一百多年来中国共产党人对共产党执政规律、社会主义建设规律和人类社会发展规律的深刻认识。深入研究第三个历史决议,有助于我们牢牢掌握党和人民事业发展的历史主动,以党的重大成就和历史经验鼓舞斗志、凝聚力量、踔厉奋发、勇毅前行,以咬定青山不放松的执着、以一往无前的奋斗姿态接续夺取全面建设社会主义现代化强国的新胜利。

在党领导中国人民胜利实现第一个百年奋斗目标全面建成小康社会,踏上实现第二个百年奋斗目标新征程的重大历史关头,全面总结党的百年奋斗重大成就和历史经验,对推动全党进一步统一思想、统一意志、统一行动,团结带领全国各族人民夺取新时代中国特色社会主义新的伟大胜利,具有重大现实意义和深远历史意义。党的十九届六中全会通过的《中共中央关于党的百年奋斗重大成就和历史经验的决议》,是在建党百年历史条件下开启全面建设社会主义现代化国家新征程、在新时代坚持和发展中国特色社会主义的现实需要;是增强政治意识、大局意识、核心意识、看齐意识,坚定道路自信、理论自信、制度自信、文化自信,做到坚决维护习近平同志党中央的核心、全党的核心地位,坚决维护党中央权威和集中统一领导,确保全党步调一致向前进的政治需要;是推进党的自我革命、提高全党斗争本领和应对风险挑战能力、永葆党的生机活力、团结带领全国各族人民以中国式现代化全面推进中华民族伟大复兴而奋斗的时代需要。

回首党的一百多年的历程,正是在党的坚强领导下,中华民族才迎来了从站起来、富起来到强起来的伟大历史飞跃。党的十九届六中全会通过的《中共中央关于党的百年奋斗重大成就和历史经验的决议》,概括出来的具有根本性和长远性意义的十大历史经验,即坚持党的领导、坚持人民至上、坚持理论创新、坚持独立自主、坚持中国道路、坚持胸怀天下、坚持开拓创新、坚持敢于斗争、坚持统一战线、坚持自我革命,则充分反映了习近平总书记在党的二十大报告中所指出的:"实践告诉我们,中国共产党为什么能,中国特色社会主义为什么好,归根到底是马克思主义行,是中国化时代化的马克思主义行。"中国共产党历经一百多年,恰似风华正茂,仍然具有旺盛的生命力。世界充满好奇,时代充满追问。答案只有一个——坚定不移地坚持中国共产党的坚强领导。"党的百年奋斗历史经验丛书"正是立足于此,从基本史实、基本事实出发,全面阐释党的百年奋斗的十大历史经验,从政治、理论和思想等方面全面做出了回答。

加强对党的百年历史经验的研究,就是要深入研究党领导人民进行革命、建设、改革的一百多年的历史进程,全面总结党从胜利走向胜利的光辉历程,为国家、民族和人民建立的不朽功勋;深入研究党坚持把马克思主义基本原理同中国具体实际相结合、同中华优秀传统文化相结合,不断推进马克思主义中国化的一百多年的历史进程,全面深化对新时代党的创新理论的理解和运用;深入研究党不断增强党的团结、维护党中央权威和集中统一领导的一百多年的历史进程,深刻领悟加强党的政治建设这个马克思主义政党的鲜明特征和政治优势;深入研究党为"中国人民谋幸福、为中华民族谋复兴、为人类谋进步、为世界谋大同"的一百多年的历史进程,深刻认识党同人民生死相依、休戚与共的血肉联系,依靠人民创造历史伟业、创造历史伟业为了人民的阶级立场和推动世界社会主义运动发展、胸怀天下造福全人类的世界情怀;深入研究党加强自身建设、推进自我革命的一百多年历程,增强全面从严治党永远在路上的坚定和执着,确保党在新时代坚持和发展中国特色社会主义的历史进程中始终成为坚强领导核心;深入研究历史发展规律和大势,始终掌握新时代新征程党和国家事业发展的历史主动,增强锚定既定奋斗目标、意气风发走向未来的勇气和力量。

深入研究党的百年奋斗历程中形成的十大历史经验,要坚持科学的研究方法和原则要求。我们要坚持辩证唯物主义和历史唯物主义的方法论,用具体历史的、客观全面的、联系发展的观点来看待党的历史。要坚持正确党史观、树立大历史观,准确把握党的历史发展的主题主线、主流本质,正确对待党在前进道路上经历的失误和曲折,从成功中吸取经验,从失误中吸取教训,不断开辟走向胜利的新道路。要旗帜鲜明反对历史虚无主义,加强思想引导和理论辨析,澄清对党史上一些重大历史问题的模糊认识和片面理解,更好正本清源。尤其是,要坚持正确党史观和大历史观,立足于中华民族一百万年的人类史、一万年的文化史、五千多年的文明史,立足于五百余年的社会主义发展史、一百多年的中国共产党史、七十余年的中华人民共和国史、四十多年的改革开放史,从中华民族伟大复兴战略全局和世界百年未有之大变局出发,全面而准确地认清和把握新时代中国特色社会主义取得的历史性成就、发生的历史性变革。通过生动、深入、具体的纵横比较，把事实讲清楚，把道理讲明白，把理论讲透彻。

党的十九届六中全会通过的《中共中央关于党的百年奋斗重大成就和历史经验的决议》所总结的十条历史经验，是我们党百年奋斗中用鲜血和汗水凝练出来的理论结晶，既不是从哪本经典教科书上抄来的，也不是从哪个国家照搬来的，更不是在头脑中主观臆想出来的，而是系统完整、相互贯通的有机整体，揭示了党和人民事业不断成功的根本保证，揭示了党始终立于不败之地的力量源泉，揭示了党始终掌握历史主动的根本原因，揭示了党永葆先进性和纯洁性、始终走在时代前列的根本途径。这一历史决议深刻揭示了过去我们为什么能够成功、未来我们怎样才能继续成功，深刻阐述了中国共产党为什么能、中国特色社会主义为什么好、马克思主义以及中国化时代化的马克思主义为什么行，并进一步深刻回答了新时代坚持和发展什么样的中国特色社会主义、怎样坚持和发展中国特色社会主义，建设什么样的社会主义现代化强国、怎样建设社会主义现代化强国，建设什么样的长期执政的马克思主义政党、怎样建设长期执政的马克思主义政党等重大时代课题，是一篇闪耀着马克思主义真理光辉的纲领性文献，是新时代中国共产党人牢记初心使命、坚持和发展中国特色社会主义的政治宣言，是党领导广大人民以史为鉴、开创未来，全面建设社会主义现代化国家、全面推进中华民族伟大复兴的行动指南。

通过该丛书，我们可以清晰地看清楚过去我们党为什么能够成功、今天我们党如何成功，同时弄明白未来我们党怎样才能够继续成功，从而更加坚定、更加自觉地牢记初心、不忘使命，以更加宏大的气魄诠释胸怀天下。同时，在新时代更好坚持和发展中国特色社会主义，要不断坚持唯物史观和大历史观,以更加昂扬的姿态奋进新时代,逐梦新征程,踔厉奋发、勇毅前行、团结奋斗,全面建设社会主义现代化强国、全面推进中华民族伟大复兴。

全面建设社会主义现代化强国、全面推进中华民族伟大复兴,已进入了不可逆转的历史进程,我们比历史上任何时期都更接近、更有信心和能力实现这个目标。作为哲学社会科学工作者,我们要按照立足中国、借鉴国外,挖掘历史、把握当代,关怀人类、面向未来的思路,强化基础研究前瞻性、战略性、系统性布局,不断推进知识创新、理论创新、方法创新,以原创性、标识性的概念、话语、范畴、范式等深刻阐述党的百年奋斗历史经验生成的内在逻辑、内在机理。加快构建中国特色哲学社会科学学科体系、学术体系、话语体系,坚持用马克思主义及其中国化时代化的最新成果——习近平新时代中国特色社会主义思想观察时代、解读时代、引领时代,用鲜活丰富的当代中国实践来推动马克思主义发展,用宽广视野吸收人类创造的一切优秀文明成果,坚持在改革中守正出新、不断完善自己,在开放中博采众长、不断超越自己,不断深化对共产党执政规律、社会主义建设规律、人类社会发展规律的新认识,不断开辟马克思主义中国化时代化新境界!

目　录

第一章

胸怀天下的历史基因

党的二十大强调："中国共产党是为中国人民谋幸福、为中华民族谋复兴的党，也是为人类谋幸福、为世界谋大同的党。"党的十九届六中全会通过的《中共中央关于党的百年奋斗重大成就和历史经验的决议》，将"坚持胸怀天下"总结、概括为党百年奋斗的一条重要历史经验，充分彰显了中国共产党人的国际视野和世界情怀。胸怀天下既是中华优秀传统文化的要求，又是马克思主义价值理想的追求，亦是无产阶级国际主义情怀的体现。中国共产党人百年来始终坚持胸怀天下，从历史文化根源来说正是对三者的借鉴和吸收。

第一节　"大道之行，天下为公"：
中华优秀传统文化的滋养

在庆祝建党百年的七一讲话中，习近平总书记指出了百年来我们党取得成功的一条重要历史经验，就是"坚持把马克思主义基本原理同中国具体实际相结合、同中华优秀传统文化相结合"①。弘扬中华优秀传统文化是中国共产党人孜孜不倦的追求。党的十八大以来，习近平总书记强调"推动中华优秀传统文化创造性转化、创新性发展"②，指出"讲清楚中华优秀传统文化是中华民族的突出优势，是我们最深厚的文化软实力"③。中国共产党人在处理中国与世界的关系上能始终坚持胸怀天下，离不开中华优秀传统文化的滋养，如习近平总书记在多种场合提出的"弘义融利""海纳百川，有容乃大""合则强，孤则弱"等理念，皆出自中华优秀传统文化。

中国古人所谓的"天下"从字面意义而言即"天之下"，《说文解字》记载"天，颠也"，有"至高无上""为天为大"的意思。"天"作为最高者和博大者，"天之下"亦即涵盖一切，如梁启超所说："'天下'云者，即人类全体之谓。"在该以何种理念问道天下，即如何治理人类社会的观念上，中国传统文化以"大道之行，天下为

---

① 习近平：《在庆祝中国共产党成立 100 周年大会上的讲话》，人民出版社 2021 年版，第 13 页。
②《习近平谈治国理政》第 3 卷，外文出版社 2020 年版，第 18 页。
③《习近平谈治国理政》第 1 卷，外文出版社 2014 年版，第 155 页。

公"为典型代表。"大道之行也，天下为公"出自《礼记·礼运》，这是孔子在参加鲁国的蜡祭仪式后感叹其徒有礼仪形式、失去"大道"的实质，而后向学生言偃描绘的上古时期大道流行的社会景象。《尚书》记载，上古时期的尧帝遵循古人流传的天地之道、大公之德，凭借钦、明、文、思四种德行教化百姓，实现了天下安定。孔子认为只有在"大道"施行的时候，天下为天下人所共有，才能实现理想的"大同"景象，即"老有所终，壮有所用，幼有所长，矜寡孤独废疾者皆有所养"的"大同世界"。"大道之行，天下为公"是中华优秀传统文化中天下观的核心理念与终极理想，其以"仁者爱人"的天下之义为基本前提、以"摩顶放踵以利天下"的天下之利为原则准绳，以"和合大同"的天下之归为根本目标。

一、天下之义："仁者爱人"

中华民族自古倡导"仁者爱人"，既希望自己过得好，也希望别人过得好，这是中华优秀传统文化中天下之道的基本前提。"仁者爱人"出自《孟子·离娄下》中的"仁者爱人，有礼者敬人。爱人者，人恒爱之；敬人者，人恒敬之"。也就是说，仁慈的人爱人，有礼貌的人尊敬人，爱别人的人别人也爱他，尊敬别人的人别人也尊敬他。这就阐明了君子对待他人之道。君子心中要长存仁爱的念头，对人要以礼相待，同样，讲究仁义的人也会得到别人的尊敬与爱戴。需要指出的是，"仁者爱人"这句话虽然出自《孟子》，但这个观念却是直接继承孔子的。孔子认为，要从根本上解决春秋时期礼崩乐坏的问题，必须要重视"仁"，所谓礼义、孝悌、忠信等协调社会发展的制度与教化等均要以"仁"为基础。子曰："人而不仁，如礼何？人而不仁，如乐何？"一个人如果不"仁"，他怎么能很好地遵守礼制呢？一个人如果不"仁"，他怎么能很好地用"乐"呢？孔子将"仁"归为社会礼乐制度的基础。那么，究竟什么是"仁"呢？《论语》记载，樊迟问仁，子曰："爱人。"（《论语·颜渊》）樊迟曾经向孔子请教到底什么是仁，孔子的回答是"爱人"。孔子认为"仁"的基本内核就是"爱人"，就是要有仁爱之心，就是要在整个社会规范上做到以仁立人、知仁行仁。这表现在天下之道上，便是"己所不欲，勿施于人"与"协和万邦"的天下观念。

"己所不欲，勿施于人"是"仁爱"的前提与基础，是中华优秀传统文化中天下观念的基本准则。"己所不欲，勿施于人"最早出自周礼，受到儒家始祖孔子推崇。"己所不欲，勿施于人"的精神要义多次在《论语》中出现。《论语·卫灵公第十五》中，子贡问曰："有一言而可以终身行之者乎？"子曰："其恕乎！己所不欲，勿施于人。"《论语·公冶长第五》中，子贡曰："我不欲人之加诸我也，吾亦欲无加诸人。"子曰："赐也，非尔所及也。"《论语·颜渊第十二》中，仲弓问仁，子曰："出门如见大宾，使民如承大祭。己所不欲，勿施于人。在邦无怨，在家无怨。仲弓曰：'雍虽不敏，请事斯语矣。'"也是这一次中，"己所不欲，勿施于人"的理念直接与"仁"的概念同时出现。学生仲弓问孔子如何处世才能合乎仁道，孔子答道："一个人待人接物要严肃认真，自己不喜欢的事不要强加给别人，不论在朝在野都不要去发牢骚。"这一理念充分体现了中华优秀传统文化中人际交往的重要原则：换位思考、将心比心，这也成为我们自古处理国与国之间关系的重要行为准则。

习近平总书记谈到国际关系问题时，多次强调不能搞"以邻为壑"。《孟子·告子下》记载："子过矣。禹之治水，水之道也，是故禹以四海为壑。今吾子以邻国为壑。水逆行谓之洚水——洚水者，洪水也——仁人之所恶也。吾子过矣。"这个成语故事用不同的治水理念，反映出国家治理、国际交往的不同准则。三皇五帝时期，黄河泛滥，大禹在视察了各地洪水的情况后，觉得光用土来堵水，不能从根源上解决问题，认为比起堵水，疏水更为重要。从此，大禹带领百姓在野外辛勤劳作了十三个年头，开沟掘渠让水流进汪洋大海。其间，大禹曾三次路过自己家门而不入，把全部心思、精力都投入到治水当中。经过艰苦不懈的努力，大禹带领人们终于战胜了洪水，江河变得通畅，湖泊得到疏浚，原本被洪水淹没的土地变成了千里良田，人们得以安居乐业。到了战国时期，又出现了一位名叫白圭的水利专家，以擅长修整河堤裂缝、漏洞以及渗水而著称，魏国国君赏识他的才华，邀请他出任宰相。有一次，孟子到访魏国并与白圭相见，交谈中白圭毫不谦逊地炫耀自己在治水方面的非凡本领，甚至吹嘘自己的本领已经超过了大禹。对于白圭的自我标榜，孟子却另有看法。他认为，大禹治水是把四海当作大水沟，顺着水性疏导，结果洪水都流进大海，于己有利，于人无害；如今白圭称治水，只是修堤堵河，把邻国当作大水沟，结果洪水都流到别国去，于己有利，于人却有害。这种治水的方法，怎么能与大禹的相提并论？显然，以邻为壑的做法不符合仁爱的基本精神。

中华优秀传统文化在处理国与国之间的关系上，首先强调的是天下之义，以"仁者爱人"作为天下观的前提和基础，但做到"己所不欲，勿施于人"只是初级阶段，更为重要的是要达到"协和万邦"。2019 年 5 月 15 日，习近平总书记在亚洲文明对话大会开幕式上发表题为"深化文明交流互鉴，共建亚洲命运共同体"的主旨演讲，指出"亲仁善邻、协和万邦是中华文明一贯的处世之道"①。"协和万邦"出自《尚书·尧典》，原文为"克明俊德，以亲九族；九族既睦，平章百姓；百姓昭明，协和万邦"。"万邦"在古代指的就是大大小小的邦国。虽然邦国大小不同、强弱有别，但都有生存的权利与存在的价值，邦国间应该是相互尊重、求同存异的。鉴于"天下万邦"的社会现实，尧提出了一个道德理念："协和万邦"。这一理念为我们的天下观奠定了重要的前提。

"和也者，天下之达道也"，"和"是中华优秀传统文化的历史基因，也是中华民族一以贯之的行为方式。儒家的"致中和"、道家的"上善若水，水善利万物而不争"、《孙子兵法》的"上兵伐谋，其次伐交，其次伐兵，其下攻城"，都体现了亲仁善邻、协和万邦的理念。自古以来，中华文化就是一种包容并蓄的文化，而不是一种进攻型、称霸型的文化。在处理国与国的关系之中，特别是与小国的交往中，我们强调以和为贵。从孔子开始，"远人不服，则修文德以来之；既来之，则安之"（《论语·季氏》）的理念便被提出。大国就应该不断加强自身的文德教化，这样远方的国家才能归服自己；归服之后，还要以仁德很好地对他们进行安顿，这才是大国应该有的风范。《孟子·梁惠王上》也曾记载孟子与齐宣王关于大国与小国该如何相处的讨论。齐国在宣王之父威王时，曾经两次打败魏军，宣王时又破燕国的国都，自此雄踞东方，威震诸侯。这时的齐宣王踌躇满志，怀有以

---

①《习近平谈治国理政》第 3 卷，外文出版社 2020 年版，第 471 页。

战称霸、君临天下之抱负。当孟子来到齐国，齐宣王就要孟子支持和帮助他实现霸业，而孟子则利用这一机会，比较完整地阐述了行仁政而王天下的道理。这一"协和万邦"的理念在历史上有着很好的实践，文成公主入藏便是很好的例子。当时，面对吐蕃的抗衡，大唐并不主张采用武力，而是采取和亲的方式来解决。公元 641 年，唐太宗派江夏王李道宗护送文成公主入吐蕃，松赞干布亲自带领大队人马到柏海迎接，随后与文成公主在吐蕃的都城逻些举行了盛大的婚礼。文成公主自幼饱读诗书，入藏时除了携带丰厚的嫁妆外，还带了大量的书籍、乐器、绢帛和粮食种子，随其入藏的还有一批文士、乐师和农技人员。文成公主入藏之后，把唐朝的优秀文化和先进的生产技术传入了西藏，和松赞干布同心协力发展吐蕃的经济和文化。以上例子足以说明中华传统文化讲求的不是一国独大的霸权，而是协和万邦的共进，充分体现出"仁者爱人"的天下之义。

二、 天下之利： "摩顶放踵以利天下"

"仁者爱人"的天下之义是"大道之行，天下为公"的前提，充分体现了中国古代天下观的处世智慧。在追求天下之义的基础上，我们还强调天下之利，各国的交往是为了彼此共同的发展。当然，这种天下之利绝不是一国利益，绝不是以牺牲他国利益为代价，而是"摩顶放踵以利天下"。"摩顶放踵以利天下"出自《孟子·尽心上》，是孟子对墨子的评价："墨子兼爱，摩顶放踵利天下，为之。"墨子看到了他所处时代的一些混乱景象，如强壮之人随意欺凌弱小之人、人口众多的强国欺辱人数较少的诸侯国等。正是这些问题的存在使得天下人离心离德，诸侯国之间杀戮征伐不断，社会混乱，难以谋求发展。因而，墨子提出"兼相爱""交相利"的主张，希望借此来帮助社会走出发展的困境，实现各国利益的共同谋求。要真正做到"摩顶放踵以利天下"，需要具备两方面的条件：一是自己要发展得好，只有自己好了才能进一步帮助别人，也就是首先要以"富国强兵"为目标实现自我发展；二是要有帮助别人的心，秉持"计利当计天下利"的理念，在自我发展的同时乐于帮助他国，实现共同发展。

"富国强兵"是"摩顶放踵以利天下"的前提。中国自古就有"达则兼济天下"的理想和抱负，其基础是先要自己过得好，才能谋天下利。如何实现富国强兵，自古就是国家治理最重要的问题。据《史记·太史公自序》记载，在《春秋》中，以下犯上、杀戮国君的事件有36件，国家被灭亡的事件有52件。这反映出春秋战国时期，象征"周文"的礼乐制度破产，礼崩乐坏、群雄逐鹿的混乱场景出现，此时国君不能保住江山社稷的事情比比皆是，更不用说实现国家富强、百姓安康了。这样，各个诸侯国究竟该如何自保、如何实现国家的强盛，便成了一个非常突出的问题。

实现富国强兵是中国古代国防经济思想的核心内容，从先秦法家开始，中国古代思想家不断探索富国强兵之道。如齐国管仲，司马迁评管仲曰："桓公既得管仲，与鲍叔、隰朋、高傒修齐国政，连五家之兵，设轻兵鱼盐之利，以赡贫穷，禄贤能，齐人皆说。"（《史记·齐太公世家》）法家的先驱管仲非常务实，考虑的是如何把民众组织起来，如何选拔贤才，以达到增加国家收入、富国强兵的目的。《管子》中亦有多处记载，如"明王之务，在于强本事，去无用，然后民可使富"（《管子·五辅》），"所谓兴利者，利农事也。所谓除害者，禁害农事也。农事胜则粟多，入粟多则国富"（《管子·治国》）。秦国商鞅更是强调"强""力"在使国家富强上的重要作用，认为"国待农战而安，主待农战而尊"（《商君书·农战》）。国家要想获得安全，有赖于耕与战的结合；国君要想获得尊严，同样倚仗耕与战。如果一个国家的兵与农有所懈怠，则难以保全自身。所以商鞅变法以富国强兵为根本目的，而富强的手段便是亦农亦战，正如《商君书·农战》所言："国之所以兴者，农战也""国不农，则与诸侯争权，不能自持也，则众力不足也。故诸侯扰其弱，乘其衰，土地侵削而不振"。这样，国家就必须集中力量发展耕战，通过"入令民以属农，出令民以计战"（《商君书·算地》），来增强国家的耕战水平。当然，除了奖励耕战外，中国古代在富国强兵上还创造出一系列可行的办法，如屯垦戍边、薄赋税、崇节俭等，这些做法都是保障国家稳定、发展经济的重要举措，实现了古代中国的发达强盛。

当然，谋求自身的发展与富强只是第一步，"摩顶放踵以利天下"强调不仅要自己过得好，也要让别人过得好，要实现计利天下。墨家强调"兴天下之利"，这个"利"不是个体的私利，而是天下的公利。这种计利天下的观念在古代丝绸之路的开通与发展、郑和下西洋等历史事件中得到充分彰显。古丝绸之路包括陆上丝绸之路和海上丝绸之路。陆上丝绸之路起源于西汉。公元前138年，汉武帝派张骞出使西域，开辟出了以长安为起点，经甘肃、新疆到中亚、西亚，并连接地中海各国的陆上通道。与此同时，海上丝绸之路也开始出现。西汉中叶，汉武帝遣使远航，到达锡兰，成为海上丝绸之路的发端。丝绸之路是古代贯通东西方商贸的生命线。通过丝绸之路，中国的丝绸、瓷器、茶叶等商品源源不断地输出到沿线国家，同时中亚、西亚及欧洲的香料、珠宝、药材以及胡桃、胡麻、葡萄等也源源不断地进入中国。古代丝绸之路不仅是商品交换的重要通道，更承载着技术传播与文化交流的重要作用。正是通过丝绸之路，中国的四大发明及炼铁术等相继传入西方，成为推动世界生产力发展的重要力量。北宋时期毕昇活字印刷术发明后，立即经由海上丝绸之路传到朝鲜、日本、越南等国。同样，古代丝绸之路亦是不同文化、不同民族的碰撞融合之路，其横跨亚、欧、非数十国，把中华、埃及、印度、阿拉伯、波斯、罗马等古老文明连接起来，它们的文学语言、天文算术、音乐歌舞、民族风俗等相互传播、相互影响。在计利天下等理念引领下，丝绸之路上穿梭着互助的贸易、互访的行者、互敬的文化，没有霸道的欺凌，更没有交战的兵火。

从郑和下西洋与哥伦布航海目的的截然不同，也能感受到中华文明投注到外部世界的目光从来都是沟通世界、利达万邦的。明朝永乐年间，郑和统帅当时世界上最强大的海上力量七下西洋（印度洋），持续时间达28年之久，到达东南亚一带至印度洋周边30多个国家和地区，达到中国古代航海事业的巅峰，也标志着古代海上丝绸之路的空前发展。郑和下西洋主要是为了宣扬大明王朝的国威，意在"宣德化而柔远人"，同时也加强和建立同其他国家的贸易联系，因而其七下西洋都没有掠夺与侵略行为，反而留下了大批的礼物、互惠的商贸和真诚的友情。与之形成鲜明对比的是，哥伦布的航海探险充满着掠夺的色彩。哥伦布受西班牙政府雇用，原本是要前往印度，带着一夜暴富的掠夺之心一路向西去寻找东方财富的，却阴差阳错地发现了美洲大陆。新大陆的发现虽然具有世界历史意义，但也使得美洲沦为了殖民地，摧毁了当地的阿兹特克、印加和玛雅文明，将整个美洲大陆的版图纳入了欧洲的麾下。

三、 天下之归："和合大同"

中国古代的天下观讲求不讳谈利、以义为先，在义利的结合中最终追求一种天下大同的远大理想。"大同"是中国古代对理想社会的一种称谓。这一思想源远流长，在《诗经》中就已显现雏形。《诗经》的《硕鼠》篇（产生于公元前 611 年以前），把贵族剥削者比作一只害人的大老鼠，并且决心逃离这只大老鼠而前往"乐土""乐国""乐郊"。这里的"乐土""乐国""乐郊"便是理想社会的最早雏形。春秋末年到秦汉时期，由于经济社会发生剧烈变动，产生了各式各样的天下大同理想，如农家的"并耕而食"、道家的"小国寡民"和儒家的"大同世界"。较之于农家与道家，儒家的大同理想更详尽完整，故在中国思想史上有更为深远的影响。对于理想的大同世界，《礼记》给予了高度概括："大道之行也，天下为公。选贤与能，讲信修睦，故人不独亲其亲，不独子其子，使老有所终，壮有所用，幼有所长，矜寡孤独废疾者皆有所养。男有分，女有归。货恶其弃于地也，不必藏于己；力恶其不出于身也，不必为己。是故谋闭而不兴，盗窃乱贼而不作，故外户而不闭，是谓大同。"

在大同社会中，国家与天下都是人们所共有的，不是某一个人、某一个家族能够据为己有的，因而必须从大众中选取有贤德、有才能的人出来给大家办事。在这样的社会里，人人讲求诚信，崇尚和睦，对其他人平等地去关爱；人们不仅仅只敬爱自己的父母，不仅仅只疼爱自己的子女，还使年老的人能够得到善终，青壮年人能充分施展其才能，少年儿童有成长的条件和措施，老而无妻者、老而无夫者、少而无父者、老而无子者和身有残疾的人都能够得到供养，男人有职分，女子有夫家。大同社会的重要特征便是"公"，人与人之间没有贵贱之分，人们都没有私心，不会使用各种欺诈与阴谋之术来谋取私利，更不会去做强盗、窃贼。每个人都能讲求信义，注重维护自己的名声，做到表里如一，不用去防范别人，这样人们就可以夜不闭户。这就是大同之道，这个社会天下为公，无贫富之差、无贵贱之分、无男女之别，这是中国古代传统文化对于理想社会的系统描绘。

陶渊明的《桃花源记》正是对理想的大同社会的一次畅想。东晋太元年间，武陵郡有个人以打鱼为生。一天，他顺着溪水行船，忽然遇到一片桃花林，桃花林的尽头出现一座山，山上有个小洞口，洞里仿佛有点光亮。于是他下了船，从洞口进去了。进去之后，他看到了"土地平旷，屋舍俨然，有良田、美池、桑竹之属。阡陌交通，鸡犬相闻。其中往来种作，男女衣着，悉如外人。黄发垂髫，并怡然自乐"。这是一个同现实世界隔绝的人间乐土，没有剥削、压迫和战争，甚至连一点吵吵嚷嚷的声音都听不到，人人安居乐业，彼此和睦相处，由此引申出的"世外桃源"也成为理想社会的代名词。

康有为的《大同书》是对理想大同社会的又一次追寻。康有为怀着救苦救难、救国救民之心写作《大同书》，其言："吾为天游，想象诸极乐之世界，想象诸极苦之世界，乐者吾乐之，苦者吾救之，吾为诸天之物，吾宁能舍世界天界绝类逃伦而独乐哉！"[①] 戊戌变法失败后，康有为流亡日本，游历欧美等地，寻找医国治民的良药，西方资

---

① 康有为：《大同书》，古籍出版社 1956 年版，第 4 页。

本主义进化论学说和空想社会主义的思想对他产生了影响。他利用《春秋公羊传》"三世说"和《礼运》中的"小康说""大同说"，又吸取了欧洲空想社会主义、资产阶级民主主义和达尔文进化论，设想了人类历史的三个阶段，即由"据乱"进为"升平"（小康），由"升平"进为"太平"（大同），那时的社会是"大同之世，天下为公，无有阶级，一切平等"，人们都成为快活无比的"神圣"。《大同书》设想的未来社会是一个生产力高度发达、以生产资料公有制为基础的社会，国界在那里也被消灭了，全世界统一于一个"公政府"之下，没有战争、剥削与压迫。

《桃花源记》与《大同书》都表达了对大同社会的向往，这是中国传统文化对理想社会追求的终极目标，体现了天下之归。要实现这种天下之归，离不开天下之义与天下之利。理想的大同社会的实现必然要建立在"仁爱"的基础之上，以"仁爱"作为处世的基本原则才能生发大家共同的"功""利"。一个国家的行动皆出于"仁爱"，从惠及整个人类的立场出发，其所带来的"功""利"符合"仁爱"的精神，能够达成不同国家、不同民族的和谐。与之相对，一个国家或民族想问题、办事情只从自己的一己私利出发，不能够怀有"仁爱"的基本精神，就必然会造成国与国之间的各种矛盾与冲突。只有以"仁爱"为基础达成国与国之间共同的"功""利"，大同世界才有可能实现。所以中华优秀传统文化将大同世界视为社会发展的终极理想，而要实现大同社会就离不开"仁爱"基础上的"功""利"，即天下之归要依托于天下之义与天下之利。

中国共产党胸怀天下的价值使命的形成，离不开优秀传统文化的滋养。中国共产党特别注重从延续民族文化血脉中开拓前进，始终秉持"大道之行，天下为公"的基本精神，正如习近平总书记强调的，"中国共产党关注人类前途命运，同世界上一切进步力量携手前进，中国始终是世界和平的建设者、全球发展的贡献者、国际秩序的维护者"①。我们在追求中国人民福祉的基础上，也追求"各美其美，美人之美，美美与共，天下大同"的人类命运共同体，将天下之义、天下之利与天下之归的中华优秀传统文化进行创造性转化、创新性发展，始终胸怀天下、立己达人，把为人类和平与发展贡献力量作为自己的追求，为世界发展进步贡献中国智慧。

第二节　"人类的幸福"：马克思主义社会理想的传承

中国共产党始终能够胸怀天下、立己达人，以世界眼光关注人类前途命运，不仅受到中华优秀传统文化的滋养，也受到马克思主义的熏陶。马克思主义是关于全世界无产阶级和全人类彻底解放的学说，蕴含着深厚的人类情怀。作为马克思主义的主要创立者，马克思把为人类幸福而工作作为毕生追求，无论面临何种艰难困苦，都始终初心不改。马克思主义是中国共产党的灵魂和旗帜。在庆祝中国共产党成立100周年大会上，习近平总书记强调："中国共产党为什么能，中国特色社会主义为什么好，归根到底是因为马克思主义行！"② 建党伊

---

① 习近平：《在庆祝中国共产党成立100周年大会上的讲话》，人民出版社2021年版，第16页。
② 习近平：《在庆祝中国共产党成立100周年大会上的讲话》，人民出版社2021年版，第13页。

始，中国共产党就把马克思主义确立为根本指导思想，旗帜鲜明地把实现社会主义、共产主义作为自己的奋斗目标。马克思主义为人类幸福而奋斗的宗旨深刻地影响了中国共产党人，百年来中国共产党始终站在世界历史的高度思考人类的未来与前途，既为中国人民谋幸福、为中华民族谋复兴，也为人类谋进步、为世界谋大同。

一、"为人类福利而劳动"： 马克思主义的初心使命

"如果我们选择了最能为人类福利而劳动的职业，那么，重担就不能把我们压倒，因为这是为大家而献身；那时我们所感到的就不是可怜的、有限的、自私的乐趣，我们的幸福将属于千百万人，我们的事业将默默地、但是永恒发挥作用地存在下去，而面对我们的骨灰，高尚的人们将洒下热泪。"① 这是马克思在中学时期写下的作文中的一段话，表达出马克思决心为全人类幸福而不惜牺牲自己的崇高理想和远大抱负，是他为人类解放而奋斗的初心。

1818 年 5 月 5 日，马克思诞生在德国莱茵省特利尔城的一个律师家庭。莱茵省是当时德国经济政治最为发达的地区，从封建的政治保守主义到自由主义和社会主义，各种理论思潮在黎明前的德国激烈搏杀，而莱茵省正处于思想交锋的最前沿。马克思的家庭与其事业似乎是个矛盾，被工人阶级运动视为领路人的马克思，却出生在安逸的中产阶级家庭。实际上，正如马克思后来所言，人们的思想取决于他们生活的社会经济条件，同样，"卡尔·马克思最初的精神方向决定于

---

① 《马克思恩格斯全集》第 40 卷，人民出版社 1982 年版，第 7 页。

他的生活环境，决定于他父亲的理性主义、宗教上和政治上的自由主义，决定于他几位具有民主思想的老师的影响"①。马克思的父亲亨利希·马克思是个学识渊博、颇有名望的律师，具有较高的哲学修养，爱好古典文学。亨利希·马克思十分推崇伏尔泰和卢梭等人，崇尚自由、平等、人权，受资产阶级人道主义精神影响颇深。父亲对马克思的思想发展影响深远，这一点可以从马克思对父亲的终生眷恋中得到证实。父亲的至交好友、后来成为马克思岳父的冯·威斯特华伦男爵，也是一位文学修养较深且具有强烈人文关怀的人。马克思很喜欢与男爵交往，称他为"父亲般的朋友"。男爵对少年马克思哲学世界观的形成也起到了不可忽视的作用。在博士论文的献词中，马克思以最热情洋溢的方式感谢与歌颂了男爵的教导。较为突出的一点是，男爵引领马克思走进了圣西门的著作，使马克思对圣西门的理想主义社会的构建产生出浓厚的兴趣。少年马克思深受父亲和男爵的影响，从小便受到启蒙主义和人道主义的熏陶，为人类幸福与解放而奋斗的理想也在少年马克思心里留下了深深的烙印。

1830 年秋，12 岁的马克思进入特利尔中学学习。特利尔中学原是耶稣会学校，后来改名为弗里德里希·威廉中学，该校崇尚自由平等，用 18 世纪启蒙运动的自由主义精神和人道主义思想教育学生。特利尔中学拥有一批出色的学者和思想激进的教师，他们不仅学识渊博，而且思想进步。以校长维腾巴赫为代表，歌德称他是"康德哲学专家"，他具有激进的民主主义自由思想，宣扬科学、进步、理性。马克思在这里学到科学知识的同时，进一步受到启蒙主义的熏陶。年

---

① ［法］奥古尔特·科尔纽：《马克思恩格斯传》第 1 卷，刘丕坤等译，三联书店 1963 年版，第 58 页。

轻的马克思开始将目光投向贫苦的人民大众，对他们的生活境遇表示深深同情。也正是在这个时期，少年马克思形成了为人类幸福而奋斗的远大志向，立志要做人间的"普罗米修斯"。

马克思为人类幸福而奋斗的初心最早体现在其中学毕业考试的三份作文试卷上，即《根据约翰福音第 15 章第 1 至 14 节论信徒和基督的一致，这种一致的原因和实质，它的绝对必要及其影响》《青年在选择职业时的考虑》《奥古斯都的元首政治应不应当算是罗马国家较幸福的时代?》。三篇文章蕴含着理性主义道德神学、启蒙主义人生理想及伦理道德的历史评价，洋溢着要通过一种方式使人的自由个性得以完整绽放的理想与热情，充满着一种以自我牺牲来实现人类整体幸福的精神力量。

首先，理性主义道德神学支撑马克思为人类谋幸福初心的萌生。对少年马克思而言，宗教是日常生活的内容之一，因而在思想上受基督教神学的影响再正常不过。在当时的德国，宗教不再是一种盲目的迷信。"自从路德说出了人们必须用圣经本身或用理性的论据来反驳他的教义这句话以后，人类的理性才被授予解释圣经的权利"①，在此背景下产生了在卢梭道德神学与康德道德哲学基础上的理性主义神学，这一思想在当时的德国大行其道，马克思也深受影响。《约翰福音》第 15 章第 1 至 14 节是《新约》中的著名章节，在其中耶稣以葡萄树为喻，阐发了他与上帝的一致性，意在说明信徒必须与他一致，其核心是阐发上帝的爱。在《根据约翰福音第 15 章第 1 至 14 节论信徒和基督的一致，这种一致的原因和实质，它的绝对必要及其影响》

①［德］亨利希·海涅：《论德国》，薛华、海安译，商务印书馆 1980 年版，第 234 页。

中，马克思也阐发了信徒与基督的一致的重要性。他从历史出发，说"这个人类的伟大教师"向我们表明从古代以来，"各民族的历史告诉我们同基督一致的必要性"，"在我们研究各个人的历史，人的本性的时候，我们虽然也看到他心中有神性的火花、好善的热情、求知的欲望、对真理的渴望"①，但罪恶的诱惑会吞灭这些自然本性，信徒只有和基督一致才能克服这些诱惑，达到"快乐"。然而，在马克思看来，之所以要保持这种一致，首先是因为人的天性和理性的需要，进而是历史经验的明证，最后才是信仰的号召和呼唤。可以看出，马克思是受理性道德神学的影响，从人的立场出发去看待问题，将信徒对基督的爱看作是人的道德选择和对人的道德力量的信仰，由此马克思开始在神的世界里关注人。

其次，启蒙主义的人生理想构成马克思为人类谋幸福初心的核心。人生的意义和价值是马克思少年时代苦思冥想的一个问题，这一点在其作文《青年在选择职业时的考虑》中得到了充分体现。每个人都希望自己有一个理想的职业，特别是即将走向社会的年轻人，我们能够自由选择自己的职业，能够选择自己的人生目标，这是人类独有的幸福。正如马克思所言："这种选择是人比其他创造物远为优越的地方，但同时也是可能毁灭人的一生、破坏他的一切计划并使他陷于不幸的行为。因此，认真地权衡这种选择，无疑是开始走上生活道路而又不愿在最重要的事情上听天由命的青年的首要责任。"② 那么，马克思究竟是怎样"认真地权衡"的呢？马克思认为，尽管青年人在选择职业时会受到多种因素的影响，但最重要的是，"我们应该遵循的

①《马克思恩格斯全集》第40卷，人民出版社1982年版，第819页。

②《马克思恩格斯全集》第1卷，人民出版社1995年版，第455页。

主要指针是人类的幸福和我们自身的完美。不应认为，这两种利益是敌对的，互相冲突的，一种利益必须消灭另一种的；人类的天性本来就是这样的：人们只有为同时代人的完美、为他们的幸福而工作，才能使自己也达到完美"。这是一种人生的价值尺度，并且"如果我们选择了最能为人类福利而劳动的职业，那么，重担就不能把我们压倒……我们的事业将默默地、但是永恒发挥作用地存在下去，而面对我们的骨灰，高尚的人们将洒下热泪"。① 由此可见，这里马克思的讨论已经远远超出了世俗的职业范围，他实际上讲的是理想信念与人生志向问题。当然，这篇作文不是马克思的成熟之作，但我们仍可以从中看到马克思在青年时期就有了宽广的胸怀，就树立了为人类谋幸福而献身的远大理想。这种受启蒙主义影响，要做"人间普罗米修斯"的伟大人生理想，构成了马克思为人类谋幸福初心的核心。

最后，以伦理道德为准绳的历史评价论成为马克思为人类谋幸福的评价原则。《奥古斯都的元首政治应不应当算是罗马国家较幸福的时代?》是马克思中学时期的拉丁语作文，这一文章以往并不被人们看重，如英国学者戴维·麦克莱伦在《马克思传》中就言："拉丁语作文是关于奥古斯都元首的，意义不大。"② 然而这一著作对于理解马克思的初心不可或缺，尤其是它揭示了少年马克思对于为人类谋幸福的评价标准的探索。马克思中学时代的拉丁语课程老师是勒尔斯，这是一位拥护普鲁士政府的反动教员，他出的毕业考题是"奥古斯都的元首政治应不应当算是罗马国家较幸福的时代"。屋大维是罗马帝国的第一位皇帝，他终结了罗马共和国，创立了帝国。按理说，独裁替

---

①《马克思恩格斯全集》第 40 卷，人民出版社 1982 年版，第 7 页。

② ［英］戴维·麦克莱伦：《马克思传》，王珍译，中国人民大学出版社 2008 年版，第 9 页。

代了共和，显然是历史的倒退，但屋大维统治时期却是罗马历史上的盛世。勒尔斯出这个考题显然是要为普鲁士政府辩护，认为独裁统治也会带来幸福。面对这道暗藏玄机的试题，马克思显示出非凡的理解力，他巧妙地指出，评价一件事物是历史的进步还是倒退，必须以伦理道德为准绳，因为"如果一个时代的风尚、自由和优异性受到了损害或者被破坏了，同时，贪得无厌、铺张浪费和荒淫无度充斥泛滥，那么这个时代就不可能称为幸福时代"①，从而巧妙地将专制与幸福的矛盾转化为了符合道德的专制与幸福的关系，从而得出"如果百姓都柔顺亲密，讲究文明风尚，而国家的疆土日益扩大了，——那么统治者倒会比自由的共和政体更好地保障人民的自由"②。这种以伦理道德为准绳的历史评价论，是少年时期马克思对何以是为人类谋幸福的评价标准的探索，构成了马克思为人类谋幸福初心的重要维度。此时，马克思的初心不仅贯穿了全人类意识，还已经开始蕴含些许现实因素，这一初心为马克思一生为人类幸福与解放而奋斗奠定了信念基础。

二、　科学探寻人类解放：马克思主义的真理力量

"为了人类的幸福而奋斗"是马克思主义的初心使命，但马克思、恩格斯并未止步于道义的理想层面去探索，而是深入研究人类社会历史，指明了实现人类解放与幸福的科学道路。恩格斯这样评价："马克思发现了人类历史的发展规律"，不仅如此，"马克思还发现了现代

①《马克思恩格斯全集》第40卷，人民出版社1982年版，第825页。
②《马克思恩格斯全集》第40卷，人民出版社1982年版，第826页。

资本主义生产方式和它所产生的资产阶级社会的特殊的运动规律"①。这就是我们通常所说的马克思的"两大发现"。以马克思的"两大发现"为实质内容的马克思主义，不仅使人类认识到自身的发展规律，而且使人类认识到"现实的历史"即资本主义的运动规律，从而破除了现实的束缚，走向了自身的解放与自由发展。这正是马克思主义的科学真理性所在，在这样的基础上，马克思主义真正实现了对人类社会进步的引领。

在马克思、恩格斯之前，西方世界对于人类未来社会已有诸多遐想，作为马克思主义理论源泉的空想社会主义便是典型代表。空想社会主义产生于 16 世纪初期，到 19 世纪上半叶达到巅峰，是随着资本主义产生而产生、随着资本主义发展而发展的一种社会思潮。空想社会主义学说最早见于托马斯·莫尔的《乌托邦》一书，是先贤柏拉图的理想国与欧洲不公现实的冲撞产物。莫尔在《乌托邦》中借一位虚构的航海家拉斐尔·希斯拉德之口，讲述了自己理想中的最完美的社会制度。在一个名叫乌托邦的海岛上，有 54 座城市均匀地分布于广阔的乡村之间。所有城市都具有共同的风格、语言、习俗和法律。每座城市分成四个相同的区，居住着 6000 户人家，每户人家的人数都在 10 到 16 名之间。这些城市在公有制的基础上彼此密切联系，统一组织生产和消费。在乌托邦的所有城市及其附近的乡村，不分男女，只要年龄和体力适合，都要参加劳动。劳动产品由公共仓库保管，每户按需索取。在乌托邦没有货币，不存在商品流通，人们视金银如粪土。乌托邦人的生产、分配和消费都是按计划调节的。与《乌托邦》

---

① 《马克思恩格斯选集》第 3 卷，人民出版社 2012 年版，第 1002 页。

类似，康帕内拉的《太阳城》有着异曲同工之妙。在《太阳城》中，作者假借一个游历者的见闻，用对话录的体裁，描绘了一个没有私有财产的美好世界。在太阳城，每人每天只需劳动 4 个小时，其余时间都用来进行研究有趣的学术问题、阅读书籍、讲故事、散步等一切有益于身心健康的活动。在太阳城里，没有不劳动的寄生虫，没有富人，也没有穷人，因为每个人都没有私有财产。

《乌托邦》与《太阳城》是空想社会主义的代表作品，表现出思想家们对资本主义制度的辛辣批判及对未来理想蓝图的构建，充满着直击要害的见解与天才般的思想火花。但他们为人类谋解放的理论只是一种"空想"，因为他们虽然看到了现存的、充满剥削的资本主义制度灭亡的命运，却未能揭示其灭亡的根源，也看不到埋葬资本主义的力量，找不到通往理想社会的现实道路。马克思、恩格斯则汲取了空想社会主义者们的理论成果，以唯物史观与剩余价值学说为基石，为人类解放事业注入了科学性。

唯物史观揭示了人类社会历史发展的一般规律，将人们对解放事业及未来社会的追求建立在社会发展的客观规律之上。在《政治经济学批判〈序言〉》中，马克思言简意赅地概括了唯物史观的基本原理，在指出生产力与生产关系、经济基础与上层建筑的相互运动后，他指明了社会历史的前进规律："社会的物质生产力发展到一定阶段，便同它们一直在其中活动的现存生产关系或财产关系（这只是生产关系的法律用语）发生矛盾。于是这些关系便由生产力的发展形式变成生产力的桎梏。那时社会革命的时代就到来了。随着经济基础的变更，全部庞大的上层建筑也或慢或快地发生变革。"① 马克思以唯物史观科学揭示了人类社会历史发展的规律，主张在此基础上充分发挥人民群众的历史主体作用，以阶级斗争、暴力革命的方式追求社会正义与人类解放，找到了变革旧社会的力量和通往新社会的途径。当然，《序言》还指出："无论哪一个社会形态，在它所能容纳的全部生产力发挥出来以前，是决不会灭亡的；而新的更高的生产关系，在它的物质存在的物质条件在旧社会的胎胞里成熟以前，是决不会出现的。"② 这"两个决不会"充分说明了旧的社会制度在充分发挥其生产能力之前是不会灭亡的，而新的制度在物质条件成熟前是不会出现的。马克思揭示了剥削人、压迫人的资本主义制度灭亡的必然性与渐进性，展现了其解放事业的科学性。

剩余价值学说现实地揭示了资本主义社会人们被奴役的根源，使资本主义转向社会主义、人类获得自由解放得到充分论证。马克思的剩余价值学说主要集中于《资本论》，这部著作包含三卷，约二百三十万字，耗用了马克思近半生时间。写作《资本论》的过程非常艰辛，马克思曾言，"我为了为工人争得每日八小时的工作时间，我自己就得工作十六小时"，由于长期营养不良加之夜间的紧张工作，一种叫作痈的病反复发作，"差一点送了命"，甚至身体差到无法坐立，"'坐'自然谈不上，这在目前对我说来还很困难。白天哪怕只有短暂的时间，我也还是躺着继续苦干"③。马克思在《资本论》中阐明了工人阶级被剥削的秘密：在资本主义经济中，广大工人不占据生产

①《马克思恩格斯全集》第 13 卷，人民出版社 1998 年版，第 8 页。
②《马克思恩格斯全集》第 13 卷，人民出版社 1998 年版，第 9 页。
③《马克思恩格斯全集》第 31 卷，人民出版社 1998 年版，第 177 页。

资料，要存活下去就必须出卖自己的劳动力，资本家就通过手中的资本购买劳动者，对他们进行压迫，获取剩余价值。通过对资本主义社会基本矛盾的剖析，马克思指出了资本主义社会不是从来就有的，也不会一直持续下去，必然会有一种新的、更高的社会形态取代它。剩余价值学说的提出对人类解放事业的发展尤为重要，正如恩格斯所言，关于剩余价值来源问题的解决，"是马克思著作的划时代的功绩。它使社会主义者早先象资产阶级经济学者一样在深沉的黑暗中摸索的经济领域，得到了明亮的阳光的照耀。科学的社会主义就是从此开始，以此为中心发展起来的"[1]。正是通过唯物史观与剩余价值学说，马克思、恩格斯论证了资本主义灭亡的必然性，阐明了无产阶级的历史使命与斗争策略，为人类解放与自由幸福的获取提供了科学思想理论的支撑。

三、　实现共产主义：　马克思主义的价值理想

"为人类福利而劳动"是马克思主义的初心使命，马克思主义的创始人以唯物史观与剩余价值学说为基础，将为人类解放与自由幸福而奋斗的事业科学化，构建起人类解放的真理性思想理论。在马克思主义创始人看来，要谈人类的解放与幸福就不能止于抽象的人道主义理想，必须要将其置于历史视域中，通过现实的共产主义运动推翻剥削压迫人的资本主义制度。对于未来的新社会，马克思主义创始人设想的是一种共产主义社会，是要打造一个自由人的联合体，这是马克

---

[1]《马克思恩格斯全集》第 20 卷，人民出版社 1971 年版，第 222 页。

思主义最为崇高的社会理想，在价值性上代表着马克思主义胸怀天下的凌云壮志。

那么，未来的共产主义社会，或自由人联合体，究竟具有哪些特征？何以能保障人的自由全面发展？马克思、恩格斯在展望未来社会时，总是只指出未来社会的发展方向、原则与基本特征，当然这正是马克思主义的科学性所在。对于有人提出在革命成功后该采取什么样的措施的问题，马克思进行了尖锐的批判，认为"现在提出这个问题是虚无缥缈的，因而实际上是一个幻想的问题，对这个问题的唯一的答复应当是对问题本身的批判"①。恩格斯也明确表示："无论如何，共产主义社会中的人们自己会决定，是否应当为此采取某种措施，在什么时候，用什么办法，以及究竟是什么样的措施。我不认为自己有向他们提出这方面的建议和劝导的使命。那些人无论如何也会和我们一样聪明。"②但即便马克思、恩格斯对未来社会不做过多细节的描述，他们也确立了一些基本的原则性设想，如社会个人所有制、按计划调节的经济运行机制、按劳分配和按需分配的制度等。我们透过这些制度设想可以看出未来的世界是怎样保障人的自由全面发展的。

在体制保障中，一开始必然会涉及所有制问题，因为生产资料的归属问题与人们的生存、自由密切相关。在传统的对马克思主义的解读中，自由人联合体所实现的所有制往往被理解为一种"国有制"，实行生产资料归国家所有、财产归公。然而事实证明，在这样的"国有制"中生活的人们并没有多少幸福感可言，个人的自由发展在其中受到了限制。以色列曾经出现过一种叫作"基布兹"的农庄，在这个

---

① 《马克思恩格斯全集》第 35 卷，人民出版社 1971 年版，第 154 页。
② 《马克思恩格斯选集》第 4 卷，人民出版社 2012 年版，第 539 页。

农庄中，财产归集体所有，大家共同劳动，生产资料和生活资料实行
按需分配。这仿佛就是我们之前宣称的"大同社会"，但生活在其中
的人们却不愿意长期停留，因为在其中鲜有自己可以支配的空间和时
间，人们会感到自由的丧失。实际上，马克思、恩格斯畅想的是"社
会个人所有制"：一方面它表现为个人所有，即"个人对全部生产力
总和的占有"；另一方面也表现为共同所有，因为它要求的是"联合
起来的个人"。① 在此基础上，未来社会还需采取计划调节的经济组织
和运行模式，按照劳动者的劳动量与社会成员的需要量来对社会生产
进行计划调节，这样才能为一切人的自由发展提供经济保障。同样，
在未来的自由人联合体中，生产既然已经成为联合起来的个人的共同
行动，那么生产的结果自然也该由这些联合起来的个人所有，应该在
他们之间进行分配。马克思将未来的共产主义社会大致分为第一阶段
与高级阶段两个阶段，并指出它们将分别采用按劳分配与按需分配制
度。正是这些制度设计，才能保障在联合体中实现人的自由发展，且
要使联合体中的每一个人皆成为自由发展的人。

　　共产主义是人类解放的实现，那时人类将最终从支配他们生活和
命运的异己力量中摆脱出来，实现从必然王国向自由王国的飞跃，开
始自觉创造他们自己的历史。诚如恩格斯所言："人们周围的、至今
统治着人们的生活条件，现在受人们的支配和控制，人们第一次成为
自然界的自觉的和真正的主人，因为他们已经成为自身的社会结合的
主人了……至今一直统治着历史的客观的异己的力量，现在处于人们
自己的控制之下了。只是从这时起，人们才完全自觉地自己创造自己

---

① 《马克思恩格斯全集》第 3 卷，人民出版社 1960 年版，第 77 页。

的历史；只是从这时起，由人们使之起作用的社会原因才大部分并且越来越多地达到他们所预期的结果。这是人类从必然王国进入自由王国的飞跃。"[①] 人类社会进入到自由王国，标志着人与社会发展达到了真善美的统一。在自由王国，人类经由自然经济形态到商品经济形态全面发展最后到产品经济形态，符合社会历史和人类发展规律，是人与社会发展的"真"。在自由王国，"每个人的自由发展是一切人的自由发展的条件"[②]，体现了人与社会发展所追求的"美"。

中国共产党成立以来就将马克思主义作为自己的指导思想，也将马克思主义胸怀天下的责任理想作为自己的使命自觉。习近平总书记在纪念马克思诞辰200周年大会上强调指出："马克思主义博大精深，归根到底就是一句话，为人类求解放。"[③] 这种责任理想影响着一代又一代的中国共产党人，他们秉持"为了人类的幸福"的信念，在伟大事业的奋斗征程中造就了中国共产党独特的天下情怀，为世界注入了独特的精神力量。

第三节　"全世界无产者，联合起来"：无产阶级国际主义情怀与实践的延展

不管是马克思主义的初心使命、真理力量，抑或是价值理想，最

---

① 《马克思恩格斯选集》第 3 卷，人民出版社 2012 年版，第 815 页。

② 《马克思恩格斯选集》第 1 卷，人民出版社 2012 年版，第 422 页。

③ 习近平：《在纪念马克思诞辰 200 周年大会上的讲话》，人民出版社 2018 年版，第 8 页。

为重要的还是如何将它们付诸历史实践，如何以世界无产阶级运动打破资本主义统治，真正实现人类的自由全面发展。1847年，在英国伦敦一个秘密集会上，"全世界无产者，联合起来"这一振聋发聩的口号终于被历史记了下来，"人人皆兄弟"的时代呼啸而去，自由与团结的力量簇拥着两位伟人正式走上历史舞台，他们就是马克思、恩格斯。170多年来，这个战斗口号一直鼓舞着全世界无产阶级的革命斗争，指引着全世界无产阶级沿着解放的道路前进。到了帝国主义阶段，列宁在新的历史条件下，又发出了"全世界无产者和被压迫民族联合起来"的伟大号召，强调指出各国无产阶级只有同各被压迫民族联合起来，相互支援，才能取得世界革命的胜利。"全世界无产者，联合起来"是无产阶级国际主义情怀的精神核心，在其指引下无产阶级谋求人类解放和永久和平的声音响彻世界各地，构成了中国共产党人胸怀天下价值理想的源泉。

一、"人类解放"与"永久和平"：无产阶级国际主义的价值原则

马克思、恩格斯通过对欧洲各国工人阶级生存状况、工人阶级斗争和运动状况的考察和研究，找到了工人阶级命运悲惨与斗争失败的原因，得出了全世界无产阶级应该联合起来的结论。他们指出："现在存在着一种各民族资产阶级的兄弟联盟。这就是压迫者对付被压迫者的兄弟联盟、剥削者对付被剥削者的兄弟联盟。一个国家里在资产阶级各个成员之间虽然存在着竞争和冲突，但资产阶级却总是联合起

来并且建立兄弟联盟以反对本国的无产者；同样，各国的资产者虽然在世界市场上互相冲突和竞争，但总是联合起来并且建立兄弟联盟以反对各国的无产者。"① 在这种情况下，如果"忽视在各国工人间应当存在的兄弟团结，忽视那应该鼓励他们在解放斗争中坚定地并肩作战的兄弟团结，就会使他们受到惩罚，——使他们分散的努力遭到共同的失败"②。这从客观上提出了以各国无产阶级兄弟联盟对抗各国资产者兄弟联盟的要求。世界无产阶级的团结，必须要有正确的价值原则加以凝聚，在正确的方向上蓄力，才能为破解无产阶级的困境提供新势能。为此，马克思主义经典作家在准确把握资本主义发展的具体特征和分析工人运动的基础上，创建了科学的无产阶级革命运动的理论体系，确立了无产阶级国际主义的价值原则，即"人类解放"与"永久和平"。"人类解放"与"永久和平"是无产阶级奋斗的不竭动力，是无产阶级终身贯彻和捍卫的价值原则。

"人类解放"是无产阶级国际主义的最高原则。无产阶级国际主义是在反抗资本主义的剥削和压迫的斗争中形成的，包含着人类解放思想的价值意蕴。在资本主义社会中，人表面上摆脱了一些外界强加给人的束缚，如封建制度、封建文化等，获得了个人发展的条件，比以往都显得更加自由，但实际上人的发展被一些异己的力量所支配，受到了比此前更多的禁锢，更不要说什么自由。无产阶级要想改变自己的状况就必须要联合起来进行无产阶级革命，消除私有制，实现全人类的解放，这是无产阶级的必然选择和最终目的。无产阶级国际主

---

① 《马克思恩格斯文集》第 1 卷，人民出版社 2009 年版，第 694 页。
② 《马克思恩格斯文集》第 3 卷，人民出版社 2009 年版，第 14 页。

义的创建及发展就是为了改变人类的现状，实现人类的解放。实际上，无产阶级国际主义发展的过程就是无产阶级追求人类解放的过程。当然，这里的人类解放具有多个方面的含义，包含着丰富而又深刻的内容。人类解放既表现为人类从自然的奴役下解放出来，摆脱盲目自然力的支配和束缚，实现自然的解放，这有赖于人类认识自然能力的提高和生产力的高度发展；又表现为政治解放，通过实际的革命运动推翻资本主义制度，消灭剥削和一切旧式分工的束缚，实现人的本质的复归，建立新制度；还表现为人的自我解放，实现每个人的和谐发展，这有赖于人的思想素质和道德水平的提高。在人类解放思想多重意蕴的引导下，工人的革命运动有了正确的价值方向和行动指南，人类从此踏上了谋求解放的光明大道。

"永久和平"是无产阶级国际主义的重要原则。在资本主义的发展过程中，由于列强争霸和民族矛盾的日益尖锐，大规模的战争此起彼伏，抢劫和焚烧的现象层出不穷，许多无辜的人惨遭杀害，给人类造成了沉重的苦难。在马克思主义经典作家看来，战争严重损害了人的生存和发展的权益，不符合无产阶级的国际主义精神。正如马克思所说的，人的本质属性是社会性，人与人的敌对关系以及国家与国家的战争关系都是人的本性的倒退，和平才最符合人类的本性，最有利于人的本质的复归。所以，在工人运动过程中，无产阶级既要以永久和平为手段，为自己创造良好的生存环境，也要以永久和平为目标和指引，两者是辩证统一的关系。但是，马克思、恩格斯认为资本主义制度只要存在，就不可能消灭战争、实现最终的和平。因此，实现永久和平的途径就是采取适当的策略，消灭资本主义制度，实现共产主义，这是社会形态发展规律所决定的。在追求共产主义的过程中，马克思、恩格斯提倡无产阶级要尽可能地以和平的方式追求人类解放，即"和平实现共产主义"①。值得注意的是，马克思、恩格斯提出的永久和平并不是反对一切战争，他们依旧赞同那种促进人的本质的回归、最终目的是追求和平的正义战争，高度肯定无产阶级发动的暴力革命。实现永久和平既构成了人类解放的理论内容，也是实现人类解放的必要条件，是无产阶级国际主义对人类未来社会的美好设想和永恒期望。

二、 领导国际政治组织： 马克思、 恩格斯的国际主义实践

19 世纪 30 至 40 年代，英国、法国、德国接连爆发了无产阶级反对资本主义制度的斗争，但未取得很好的效果。马克思、恩格斯在认真观察和分析这些工人运动的基础上，得出他们失败的重要原因就在于各国工人阶级没有在科学理论指导下进行无产阶级的联合。马克思、恩格斯汲取了工人运动的经验，一方面著书立说，创建和完善科学的理论体系，为工人运动厚植思想基础；另一方面运用无产阶级国际主义和科学社会主义思想领导无产阶级国际主义的实践，改造和创建了三个无产阶级国际政治组织，分别是共产主义者同盟、第一国际和第二国际，以领导、团结和协调各国的工人运动。从此，在国际组织的理论指导和革命策略中，无产阶级国际主义运动不断壮大，世界

---

① 《马克思恩格斯全集》第 2 卷，人民出版社 1957 年版，第 625 页。

上社会主义政党数量不断增加，无产阶级国际运动迎来了光明的前景。

共产主义者同盟是无产阶级国际联合的第一次伟大尝试。共产主义者同盟的前身是正义者同盟，它最早可以追溯到 1836 年在巴黎成立的德意志工人协会，协会主要由德国的流亡者和工人组成，这一组织主要接受空想社会主义的观点。由于同盟没有科学的理论指导，在参加布朗斯基组织的起义中以失败告终，遭到了当地政府的驱逐。1846 年，马克思、恩格斯在号召成立无产阶级政党时，正义者同盟迅速成立了伦敦共产主义通讯委员会，一直与马克思、恩格斯保持着密切联系。正义者同盟决定改组之后，马克思、恩格斯为其起草了章程，做了许多前期准备工作。1847 年，共产主义者同盟成立，以"全世界无产者，联合起来"的国际主义口号代替了"人人皆兄弟"的旧口号。同盟改组后，迅速将各地的无产阶级组织起来进行革命运动。1848 年，革命浪潮席卷了整个欧洲，欧洲成为工人运动的中心地区。从 1848 年 1 月意大利西西里岛反对奥地利统治开始，到 1849 年匈牙利革命失败，革命时间长达 1 年零 9 个月。其中，法国的二月革命的胜利是欧洲革命的重要组成部分，但革命的果实被窃取，落入资产阶级手中，这反映出当时的无产阶级在政治上不成熟，革命运动不够统一，对科学理论的掌握程度还不足够。因此，马克思撰写了许多科学社会主义的文献以总结工人运动的经验，完善自己的理论体系，在深刻把握革命规律的基础上提出了"不断革命"的战斗口号，呼吁无产阶级革命成功以后还要不断努力，以实现对社会的彻底改造。1851 年，由于同盟内部的分裂和革命局势的恶化，普鲁士反动当局为扼杀同盟活动，发起"科隆共产党人案件"，并于 1852 年对共产主义者同盟成员进行审判。1852 年 11 月，共产主义者同盟停止了活动，自行解散。共产主义者同盟作为一个新型组织，虽然仅存在 5 年，但它的初步尝试在世界无产阶级运动史上具有非常重要的历史地位，增强了无产阶级的理论水平和斗争能力。

　　欧洲革命失败后，工人运动处于沉寂状态。19 世纪 60 年代，伴随着欧美资本主义矛盾的尖锐化，民族解放运动逐渐爆发，并呈现燎原之势。在革命形势大好的背景下，马克思、恩格斯于 1864 年 9 月 28 日成立了一个集中的"国际工人协会"，史称"第一国际"。在成员分布上，第一国际成员遍布世界各地，十分复杂，有巴枯宁主义者、蒲鲁东主义者等。在组织形式上，第一国际采取民主集中制，从中央到基层都建立了比较完善的体系，还在比利时、巴黎等 18 个国家建立了支部。在行动目标上，第一国际一方面同各国资产阶级作斗争，支持各国工人的罢工运动和民族解放运动；另一方面同各种反马克思主义派别作斗争，为各国建立无产阶级政党肃清思想。在此基础上，工人阶级的力量不断壮大，许多国家的革命运动都取得了胜利，巴黎公社的建立便是典型代表。1871 年 3 月，巴黎市民为了反对德意志帝国的占领和梯也尔政府的投降，成立了"国民自卫军"，将梯也尔政府赶了出去，成立了巴黎公社。作为无产阶级建立政权的第一次尝试，巴黎公社在工人运动史上具有极其重要的地位，被恩格斯称为"国际的精神产儿"①，彰显了无产阶级国际主义的伟大精神。在巴黎

①《马克思恩格斯全集》第 33 卷，人民出版社 1973 年版，第 644 页。

公社的伟大胜利之后，第一国际遭到了欧洲各国的强烈镇压，加之组织内部出现蒲鲁东主义、巴枯宁主义等反马克思主义思潮，第一国际不得不宣布解散。第一国际存在的 12 年间，一共召开了 9 次重大会议、300 多次总委员会会议，在科学社会主义的旗帜下，实现了将"分散的各国工人阶级争取自身解放的斗争联合起来，把它纳入共同的轨道"①，加强了工人运动的组织性和协调性，在世界上宣传了无产阶级国际主义，为第二国际的创立及以后工人运动的发展提供了美好的愿景。

第一国际破产以后，欧洲许多工人阶级政党一直在与马克思、恩格斯联系，为建立新国际做出努力。1889 年 7 月 14 日，恩格斯认为建立新国际的时机已经成熟，在巴黎筹备召开了"国际社会主义者代表大会"，第二国际宣告成立。这次大会通过了《劳工法案》和《五一节案》，为 8 小时工作制而斗争，并将每年的 5 月 1 日指定为国际劳动节。之所以将国际劳动节指定为 5 月 1 日，是为了纪念 1886 年 5 月 1 日美国芝加哥工人的罢工运动。当时，美国工人的工作时间已经严重超出正常的身体负荷，达到 14 到 16 个小时，工人的身体严重透支，许多年纪轻轻的工人患上了各种疾病。终于，在 1886 年 5 月 1 日这天，美国芝加哥爆发了一场声势浩大的示威游行，35 万人共同发出心声，要求实行 8 小时工作制，口号是"8 小时工作，8 小时休息，8 小时娱乐"。这场运动遭到了芝加哥警察的武力镇压，4 人遭到击杀，许多工人受伤。恩格斯认识到了这场游行的重大意义，便提出设立国

①《马克思恩格斯全集》第 16 卷，人民出版社 1964 年版，第 214 页。

际劳动节予以纪念。除了为工人劳动权益作斗争之外，恩格斯还对第二国际的策略作出了相应的调整，以适应新环境下工人运动的需要。在组织形式上，恩格斯吸取了第一国际的经验，在第二国际的组织体制上做了改变，提倡"只联合不领导"，规避了过于集中带来的弊端。因此，第二国际是各党派之间的松散的国际联盟，各国政党可以根据各国的实际情况进行工人运动，自主性较大，更能体现各政党之间独立性和合作性的关系。在理论的传播形式上，在恩格斯的领导下，第二国际的社会主义政党主要通过工会、讲坛等形式对马克思主义进行传播，以扩大科学思想的指导范围，唤醒工人阶级的主体意识，呼吁工人阶级进行革命。在此基础上，无产阶级活动的规模和空间不断扩大，斗争的形式也越来越灵活，澳大利亚、意大利、保加利亚、波兰等地都陆续成立了社会主义政党。然而，恩格斯逝世以后，伯恩斯坦的修正主义成为指导思想，第二国际蜕化变质，分裂为左、中、右三派，难以实现工人运动的广泛联合和统一思想的指导，工人运动几近消失。但在第二国际期间，社会主义运动的范围空前扩大，社会主义政党和党员的数量激增，可以说是工人运动史上的伟大胜利。

三、 帝国主义时代的革命： 列宁、 斯大林的无产阶级国际主义实践

作为马克思主义的继承者，列宁、斯大林在把握国际国内局势的情况下，实现了科学社会主义由理论到现实的伟大飞跃。从国际形势来看，20 世纪初，各国发展不平衡的现象更加突出，民族矛盾异常尖

锐，这为共产主义运动的发展以及无产阶级的国际联合提供了历史机遇。从国内状况来看，当时的俄国是帝国主义链条上的薄弱环节，同时具有"最落后的土地占有制"和"最先进的工业资本主义"① 特征，这使其成为世界无产阶级革命最可能突破的环节。在此背景下，列宁继承和发展马克思、恩格斯无产阶级国际主义思想，提出"一国胜利论"，创立了世界上第一个社会主义国家，并以此为基础创建和发展了共产国际，实现了更广泛的工人联合。之后，斯大林以苏联为中心不断壮大世界无产阶级的国际力量，无产阶级国际主义实践取得了巨大进展。

列宁推动了俄国十月革命的胜利和共产国际的建立。当时的俄国，工人阶级与农民阶级实现了阶级联盟，革命力量空前扩大。1917年，在第一次世界大战期间，俄国爆发了二月革命，推翻了罗曼诺夫王朝，成立了临时政府，出现了资产阶级临时政府和士兵代表苏维埃两个政权并立的局面。为了推翻资产阶级临时政府，同年11月6日（俄历10月24日），列宁亲自领导了武装起义，占领了冬宫，建立了苏维埃政权，成立了世界上第一个社会主义国家，无产阶级国际主义运动的中心随之由西方转向东方。俄国十月革命的胜利引起了帝国主义国家的惶恐，他们采取了一系列措施分化俄国的革命力量，企图把社会主义苏俄扼杀在摇篮里。为了实现更大范围内无产阶级的联合，列宁强调"应当毫不迟延地建立起革命的无产阶级的新国际"②。这样，在国际工人运动分裂的情况下，共产国际应运而生，工人运动发

---

① 《列宁全集》第16卷，人民出版社1988年版，第400页。
② 《列宁选集》第3卷，人民出版社1972年版，第60页。

展到一个崭新的历史阶段。列宁吸取了第二国际的经验，认识到它破产的重要原因就在于组织形式过于松散，给各种非马克思主义和反马克思主义者留下了可乘之机。因此，列宁强调共产国际要采取民主集中制，以建立世界性的共产党，更好践行无产阶级国际主义的价值原则，抵制各种不良思潮对无产阶级国际主义的歪曲。在共产国际的"一大""二大"及之后的几次代表大会中，高度集中的组织原则得到强化，各国共产党中央机构绝对服从于共产国际执委会的安排。虽然采取了集中制的原则，但列宁同时注重民主的实效性，承认每一个政党的独立性。在共产国际的历次会议上，各国的社会主义政党都可以进行自由讨论和发言，以此作为共产国际改进意见和建议的来源。在共产国际的建立和发展过程中，列宁以实际行动帮助许多国家建立了社会主义政党，支援了各国的解放运动，维护了苏俄的政权。从共产国际的历史意义来看，它的建立唤起了沉睡的国际革命，支援了世界上许多反殖民斗争和社会主义运动，为推翻国际资本主义作出了巨大贡献。

列宁逝世以后，斯大林临危受命，接管苏联，打造了以苏联为中心的无产阶级国际联合新模式。斯大林认为，苏联的建立是世界无产阶级革命运动的伟大成果，其他各国的社会主义政党都必须要维护苏联政权、保卫苏联安全，因为保卫苏联就等于保卫无产阶级国际主义的胜利果实。斯大林强调，在苏联取得成果的基础上，整个欧洲即将成为无产阶级的欧洲，无产阶级革命将取得更大的胜利，并对无产阶级国际主义的发展作出了乐观的预判。在此基础上，斯大林对共产国际的组织形式进行了整改，实行了更加集中的组织形式。比如，共产国际执委会永久设立在莫斯科，苏联共产党可以有五个代表席位，其他党只能有一个席位。这一举措巩固了苏联共产党和其他国家社会主义政党的"中心—从属"模式，强化了苏联在世界社会主义政党中的核心地位，提高了工人运动的战斗力。然而，1941 年 6 月 2 日，德国突然对苏联发动袭击，打破了和平的国际环境，苏联开启了卫国战争。1945 年 4 月起，苏联在欧洲对法西斯展开了全面进攻，摧毁了德国、意大利的法西斯军队，帮助他们建立了社会主义制度。斯大林以大无畏的精神承担起了世界反抗法西斯的重任，把卫国战争与国际统一战线联系起来，体现了高度的无产阶级国际主义情怀，促进了世界反法西斯战线的建立和形成，为世界反法西斯战争的胜利作出了巨大的贡献，让无产阶级国际主义思想在世界上深深扎根，极大地改变了世界面貌。

在《共产党宣言》结尾，是那个传遍世界的结论："全世界无产者，联合起来"，缔建一个"自由人的联合体"。基于此，包括马克思、恩格斯及其后继的列宁、斯大林等都积极推进无产阶级国际主义实践，推动无产阶级的国际合作。中国共产党人作为马克思主义的继承者，深受无产阶级国际主义理论与实践的影响，这也是其胸怀天下价值担当形成的重要渊源。

第二章

胸怀天下的百年赓续

　　中国共产党在马克思主义同中国工人运动紧密结合中应运而生，一经成立就把维护世界和平与促进共同发展作为历史任务，把实现共产主义作为最高理想和最终目标。回溯中国共产党百年奋斗历程，从带领全国各族人民推翻压在中国人民头上的"三座大山"到援助世界各国被压迫人民的解放事业，从推动中国经济社会的长足发展到促进世界各国的共同发展，中国共产党始终秉持"天下一家"的和谐理念，追求"天下为公"的和平世界，真正做到了始终胸怀天下、立己达人。

第一节　关注天下局势大变动：
"改造中国与世界"

　　任何理论都是一定时代发展的产物。20世纪初，在殖民主义的推动下，帝国主义国家已将世界瓜分完毕，整个世界沦为帝国主义掠夺资源、扩大市场的场所，各国人民成为帝国主义剥削压迫的对象。毛泽东正是生活在国家蒙辱、人民蒙难、文明蒙尘的历史时期。毛泽东以敏锐的目光和深邃的思想观察分析了内忧外患的社会现实，"天下兴亡，匹夫有责"的壮志悄然深埋于他的心底，他开始思考国家的前途和世界的命运。凭借着宏大视野与伟大胸怀，毛泽东正确研判国内、国际两个形势，创造性地提出了"改造中国与世界"的思想。此后，尤其是新中国成立后，毛泽东根据反帝、反殖民、反霸权形势的演变，战争与革命、战争与和平形势的演进，将改造中国与改造世界、解决中国社会问题和解决世界问题相联系，适时调整方针、政策和路线，为中国创造了一个和平的国际环境与和睦的邻友关系，开启了中国独立自主地同世界各国和平交往的探索历程。

一、青年之志：实现天下大同的伟大抱负

　　封建社会在中华大地延续两千余年，直至19世纪中叶，由于资本主义国家的侵略，巍巍中华发生了重大变故。1840年英国发动鸦片

战争，拉开了西方列强侵华的序幕。1856 年英法联军发动第二次鸦片战争，使中国丧失了更多的主权和领土。1883 年底的中法战争、1894 年爆发的中日甲午战争、1900 年爆发的八国联军侵华战争，将中国人民进一步推向深渊。与此同时，全球爆发争夺殖民地的帝国主义战争，如 1898 年美西战争、1899 年英布战争、1904 年日俄战争，给世界人民带来了空前灾难，深刻改变了世界格局。正是在如此背景下，毛泽东深刻认识到帝国主义列强入侵中国、侵略他国的意图，绝非使腐朽落后的封建王朝变成自由民主的资本主义国家，而是欲将中国与世界变成帝国主义铁蹄下的殖民地。对于这一现象，青年毛泽东义愤填膺并强调："到了近世，强权者，贵族，资本家的联合到了极点，因之国家也坏到了极点，人类也苦到了极点，会社（社会）也黑暗到了极点。"①

毛泽东出生于湖南湘潭韶山冲一个农民家庭，自幼同基层劳苦大众生活在一起，因而对基层劳苦大众有着深厚的感情，对贪婪残暴的统治阶级有着强烈的不满。正是这样的成长经历、教育背景与社会环境，使毛泽东具备刚毅坚韧、同情贫弱、心忧黎民、胸怀天下的性格品质和伟大抱负。为了实现理想抱负，青少年时期毛泽东苦读诗书、投身革命，观察分析国际形势，由衷立下肺腑之言，决心"改造中国和世界"，推翻剥削和压迫人民的封建主义，打倒掠夺和侵略他国的帝国主义。

少年毛泽东自学能力很强，启蒙先生邹春培一次对毛泽东的母亲说："石三伢子读书很特别，竟不要我'点书'，我也难不倒他。"原

---

① 中共中央文献研究室、中共湖南省委《毛泽东早期文稿》编辑组：《毛泽东早期文稿》，湖南出版社 1990 年版，第 339 页。

来，少年毛泽东学会了查《康熙字典》，通过字典早把那些书学会了。因此，同学们给毛泽东取了个外号——"省先生"，即毛泽东读书省了先生"点"。13 岁时，毛泽东便立志做"掀天揭地"的人，以"改造社会、改造中国"为目的，平日里就喜欢阅读反抗反动统治阶级残酷压迫剥削人民的书。① 14 岁时，毛泽东阅读了郑观应的《盛世危言》、冯桂芬的《校邠庐抗议》，对近代以来中国的形势变化有了一个初步了解，开始萌生救国救民的爱国主义情感，并深刻思考中国未来的出路。② 17 岁考入湘乡县立东山高等小学堂读书前，毛泽东曾几经离家向李漱清先生讨教。李漱清向毛泽东推荐了一本内容与外国瓜分中国有关的小册子，开头一句便是"呜呼，中国其将亡矣"，毛泽东久久未能忘却这一警句。③ 书中叙述了日本侵占我国台湾的经过，以及朝鲜、越南、缅甸等邻国被外国侵占的情况，毛泽东阅读过后备受刺激，开始对国家前途深感担忧、对人民命运倍感忧虑，并产生了对世界受压迫人民的深切同情关怀，认识到人人皆有救国的责任。作为深受儒家传统文化熏陶的毛泽东，继承了中国古代优秀知识分子坚守民本之道、天下为公的精神传统，始终以消除人民的苦难作为自己需肩负的政治使命，认为未来的世界应该是建立"以各地民族自决为基"的"大同世界"。④

　　通过读书学习及对社会现实的体悟，毛泽东进一步明确了政治意识，确立了改造中国的社会理想，并对世界发展进行了展望。此时，

---

① 毛岸青、邵华：《我们爱韶山的红杜鹃——献给亲爱的父亲毛泽东诞辰 105 周年》，中央文献出版社 1998 年版，第 92 页。

② 中共中央文献研究室：《毛泽东年谱（1893—1949）》上卷，中共中央文献出版社 2002 年版，第 6 页。

③ 中共中央文献研究室：《毛泽东年谱（1893—1949）》上卷，中共中央文献出版社 2002 年版，第 8 页。

④《毛泽东早期文稿》，湖南出版社 1990 年版，第 560 页。

国内政治局势动荡不安，袁世凯、张勋意图复辟帝制，各方军阀战争连绵不绝；国外帝国主义掀起重新瓜分世界的高潮，帝国主义进一步侵略、瓜分中国的意图更加强烈，国内民族危机极其严重，世界人民生活苦不堪言。在这样的社会和时代背景下，毛泽东救国救民的情感和关怀人类的情怀更为坚实，探寻改造中国和世界的志向更为坚定。毛泽东最早受康有为、梁启超改良主义影响，后来经长期荆棘载途的理论探索和革命实践，清醒认识到：只有通过现实的、彻底的革命改造，才有可能拯救中国人民；只有解决世界受压迫、受剥削国家共同面临的敌人与问题，才有可能挽救中国。因此，毛泽东积极参加反对封建帝制、反对军阀割据、反对帝国主义侵略的活动，并在参与这些革命运动过程中不断强化救国救民的爱国主义情感，不断加深对受剥削、受压迫的中国人民与世界人民的关切。

五四运动前后，毛泽东开始将"改造中国和世界"的伟大理想与初步探索改造中国和世界的宏伟道路结合起来。毛泽东基于对中国人民乃至全人类的关照关怀，1918 年 4 月，他与友人在长沙发起成立新民学会。1918 年 8 月毛泽东初到北京，便同蔡元培、陈独秀、李大钊、胡适等大贤名流进行思想交流，并开始受到俄国十月革命的影响。其间，毛泽东研读马克思主义经典著作，将中国革命置于世界革命的伟大洪流中，逐渐产生出一种独特的世界主义精神。1921 年新年，新民学会在长沙文化书社开了 3 天大会，到会的 18 人围炉畅谈，谈话中没有个人前途、职业规划，他们关心的只有"中国"和"世界"。最终，18 人中有 14 人赞成以"改造中国与世界"为学会宗旨，有 12 人赞成用布尔什维克主义的方法来实现"改造中国与世界"的目的。此时，毛泽东等人明确提出"改造中国与世界"，明确"提出

'世界'，所以明吾侪的主张是国际的；提出'中国'，所以明吾侪的
下手处；'东亚'无所取义。中国问题本来是世界的问题，然从事中
国改造不着眼及于世界改造，则所改造必为狭义，必妨碍世界"①。之
后，毛泽东致信南洋华侨、新民学会成员张国基，主张湘人去往南洋
应"取世界主义，而不采殖民政策。世界主义，愿自己好，也愿别人
好，质言之，即愿大家好的主义。殖民政策，只愿自己好，不愿别人
好，质言之，即损人利己的政策"②。

　　"改造中国与世界"就是将中国与世界联系起来，强调中国问题
本就是世界问题。毛泽东"鄙弃谋一部分一国家的私利，而忘却人类
全体的幸福的事"，"觉得自己是人类的一员，而不愿意更繁复地隶属
于无意义之某一国家，某一家庭，或某一宗教，而为其奴隶"③。他批
驳割裂爱国主义和世界主义辩证关系的观念，强调"这种世界主义，
就是四海同胞主义，就是愿意自己好也愿意别人好的主义，也就是所
谓社会主义"④。毛泽东主张要采取"激烈方法的共产主义"，达到
"改造中国与世界"的共同目的；坚定地选择"布尔什维克主义"为
根本指导思想，公开打出马克思列宁主义的旗号，将中国人民从腐朽
不堪的封建中国和帝国主义主宰的世界掠夺中解放出来，从而让世界
上所有的人民都安居乐业，实现全人类的幸福。这鲜明地体现了马克
思共产主义的理想信念。青年时期"天下大同"的伟大抱负，为毛泽
东一生追求天下太平、维护人类和平的自觉实践奠定了基础。

----

　　①《毛泽东文集》第 1 卷，中央文献出版社 1993 年版，第 1 页。

　　② 中共中央文献研究室、中共湖南省委《毛泽东早期文稿》编辑组：《毛泽东早期文稿》，湖南出版社
1990 年版，第 560 页。

　　③《毛泽东书信选集》，中央文献出版社 2003 年版，第 2 页。

　　④《毛泽东书信选集》，中央文献出版社 2003 年版，第 2 页。

二、 革命战争： 追求天下太平的躬行实践

资本主义国家进入帝国主义阶段后，全球性战争成为威胁人类生存和发展的最大隐患。两次世界大战席卷全球，先后有六十几个国家和地区、二十亿以上的人被卷入战争，近一亿人丧失生命，人类社会遭受巨大的财富损失。与此关联的阶级解放战争、民族解放战争和反侵略战争等革命战争更是层出不穷，整个世界弥漫着硝烟的气息，天下太平成为全人类共同的期盼。毛泽东指出："帝国主义的本性是掠夺，帝国主义国家在'和平'时代的政策也无时不是为了掠夺。但如果一些帝国主义国家的掠夺政策遇到了另一些帝国主义国家的阻碍而不能用和平方法冲破这种阻碍时，就使用战争方法去冲破这种阻碍，以便继续其掠夺政策。"[①] 因此，毛泽东认为，为了消灭战争、实现和平，我们必须坚持革命、进行反抗，用武装力量反对帝国主义的侵略战争、扩张战争。

首先，以战止战，用正义战争制止非正义战争。古语云："以战止战，虽战可也"，即如果发动战争可以制止战争，那么战争也是允许的，那么用保卫战争反抗侵略战争是挽救世界危局的手段，也是制止战争、消灭战争的途径。1939 年，以德、意、日为代表的法西斯国家为克服经济危机、掠夺世界资源，在世界各地发动侵略战争，烧杀抢掠，无恶不作，给世界人民造成了巨大的灾难。当时，世界各国对战争持有不同的态度，有些国家企图通过战争谋取利益，也有些国家

---

① 《毛泽东军事文集》第 2 卷，军事科学出版社、中央文献出版社 1993 年版，第 467 页。

试图回避战争，这在一定程度上助长了法西斯国家侵略的气焰。对此，毛泽东认为，战争一旦爆发，一味地退让、隐忍，只能换来变本加厉、得寸进尺，我们发起"战争的目的在于消灭战争"，国际形势迫使我们只能并且必须采取武力反抗手段、通过革命战争途径，打狠、打痛、打倒"一切帝国主义"侵略者，只有这样才能使其不得不寻求妥协以结束战争，从而达到以战止战的目的，保卫世界和平，维护国际秩序。同时，以毛泽东为代表的中国共产党人，清醒地认识到当时的中国已同世界紧密联系在一起，中国战争已然成为世界战争的重要组成部分，指出"我们的敌人是世界性的敌人，中国的抗战是世界性的抗战"①。以毛泽东为首的共产党人，为反抗并瓦解德、意、日法西斯国家的侵略战争，一方面通过中国抗日民族统一战线牵制和抗击日本帝国主义进军世界的企图，阻挡和瓦解德、意、日法西斯进一步勾结的阴谋，另一方面积极声援并支持各国人民的反法西斯斗争，团结、联合一切热爱和平、保卫和平的国家和人民，建立反法西斯统一战线，共同抵制法西斯国家的残暴行径，为世界反法西斯战争胜利、拯救人类文明、保卫世界和平贡献重要力量。

其次，以武止戈，用胜利赢得和平。新中国成立前夕，毛泽东向全世界庄严宣告："我们的民族将从此列入爱好和平自由的世界各民族的大家庭，以勇敢而勤劳的姿态工作着，创造自己的文明和幸福，同时也促进世界的和平和自由。"② 毛泽东始终站在人类道义的制高点，将支持和帮助世界各国人民反殖、反帝、反霸，维护世界和平与推进全球发展视为义不容辞的职责和应尽的国际义务。1949 年，新中

①《毛泽东文集》第 2 卷，人民出版社 1993 年版，第 146 页。
②《毛泽东文集》第 5 卷，人民出版社 1996 年版，第 344 页。

国成立，百废待兴，百业待举，中国人民正沉浸在和平环境的雀跃中。翌年，朝鲜内战爆发，10月初，金日成向中国政府致信请求出兵支援。关于是否派遣志愿军入朝作战，众说纷纭。危急关头，毛泽东心系中华儿女与国土安全，胸怀人类正义与世界和平，庄严表示："别人处于国家危急时刻，我们站在旁边看，不论怎样说，心里也难过。"[①] 因此，周恩来代表中国向全世界宣告："中国人民热爱和平，但是为了保卫和平，从不也永不害怕反抗侵略战争。中国人民决不能容忍外国的侵略，也不能听任帝国主义者对自己的邻人肆行侵略而置之不理。"[②] 应朝鲜党和政府请求，毛泽东带领中国共产党和中国政府以非凡气魄和胆略作出抗美援朝、保家卫国的历史性决策。中国人民不惹事也不怕事，中国人民志愿军出兵朝鲜，是为正义而战，为和平而战，目的是使中国和世界实现更广阔的、更持久的和平，体现了中华民族追求天下太平的浩然正气，极大地提高了中国的国际地位，使中国赢得了世界各国人民的尊敬。抗美援朝这一壮举，成功遏制了帝国主义的侵略战争，增强了世界人民反侵略斗争胜利的信心，对世界正义与和平事业的发展产生了举足轻重的作用，体现了毛泽东追求人类正义的博大胸怀与维护世界和平的宏伟愿望。

最后，和平共处，用谈判协商化解争端分歧。新中国成立后，中国共产党确立了独立自主的外交政策，大力倡导和平共处五项原则，同世界各国改善关系、建立邦交，团结一切愿意和平的力量，避免因争端再引起战争。面对繁重的经济、政治和文化建设任务，我们国家要从"农业国"变为"工业国"，不仅需要跟时间赛跑，还需要各方

---

① 《毛泽东年谱（1949—1976）》第1卷，中央文献出版社2013年版，第204页。
② 《毛泽东年谱（1949—1976）》第1卷，中央文献出版社2013年版，第199页。

各面的帮助，而实现这一目标的首要条件就是要有一个和平稳定的社会环境。因此，毛泽东认为，"经常打仗不好办事……我们要继续创造一个和平的国际环境"①，将用谈判、协商等多种手段和途径来缓和国际局势作为新中国国际战略的主要目标。20 世纪 50 年代初，毛泽东在会见各国朋友时，皆表达了争取更持久的和平时间、建立更稳定的国际环境和结交更广泛的世界友人的愿望。各国共处一个世界，世界和平是各国共同实现发展的唯一出路。1954 年，印度总理尼赫鲁来华访问，中印双方多次就战争与和平问题深入交流，最终双方一致同意把和平共处五项原则推广到同所有国家的关系中去。1955 年，周恩来在万隆会议上代表中国政府提出"求同存异"的方针；随后毛泽东在会见印度尼西亚总理沙斯特罗阿米佐约时提出"和平为上"的主张，尽量"用和平的方法来解决存在的问题"，甚至愿意同美国签订一个无限期的和平条约，为缓和紧张的国际局势作出努力。② 1957 年，毛泽东在莫斯科向全世界庄严宣告，中国坚决主张同一切国家实行和平共处五项原则。毛泽东积极推动通过谈判、协商等和平手段解决国际冲突和争端，支持被压迫民族的解放事业，坚决同发展中国家站在一起，主持国际公道和正义，追求世界和平与发展。

三、 反霸扶弱： 构建天下盛世的战略构想

第二次世界大战结束以后，世界并没有如愿地走上人们所期盼的和平之路，而是逐渐陷入美苏两极争霸的全球冷战格局，形成以苏联

---

① 《毛泽东文集》第 6 卷，人民出版社 1999 年版，第 340 页。
② 《毛泽东外交文选》，中央文献出版社 1994 年版，第 210—213 页。

为首的社会主义阵营和以美国为首的资本主义阵营的对峙。随着美苏双方经济、军事实力的不断增强，双方争霸全球的欲望也不断扩大，二者之间的矛盾也愈演愈烈，国际社会不断出现"美苏必战""第三次世界大战必然爆发"的悲观预估。与此同时，美苏双方凭借各自强大的综合国力，以武力或强权的形式制约或影响各自阵营国家内政外交的制定，主导着各自阵营内部国家战略和对外战略的制定与调整。美苏双方霸权主义和强权政治的错误做法，同中国本身谋求独立自主的对外关系相违背，也同世界各国谋取国家发展、社会稳定与人民幸福的诉求相冲突。世界各国皆有意反对世界战争、保卫世界和平，寻求更稳定的国际环境和更公正的国际秩序，以实现国家安定有序、人民安居乐业。

毛泽东坚持无产阶级的政治立场，为了维护世界和平，他深入研究国际格局中权力中心以及各国力量的演变，科学研判世界战争爆发的因素和可能性，从而进一步探索如何防止世界战争再一次爆发。根据世界各国在国际社会中的地位作用和国际形势的发展演变，毛泽东先后提出了"两大阵营""两个中间地带""三个世界"等战略研判，认为各国在国际社会中，若想反对美苏的霸权主义和强权政治，维护本国的国家主权和民族自由，就必须拥有独立自主的国家力量，进而借助并联合一定的国际力量，反对战争和保卫和平。毛泽东坚持独立自主、反对霸权主义、维护世界和平、国际团结合作的思想，为冲破两极格局提供了参考，为当时各国理性认识世界、争取世界和平提供了理论参考，为世界被压迫民族和人民提供了人道主义支持。

其一，科学研判战争爆发因素，提出"两个中间地带"理念，并且断定第三次世界大战是可以避免的。20世纪60年代初，毛泽东以其非凡的洞察力，周密地观察战后的国际形势，深刻地分析世界各种矛盾和政治力量的发展演变，对世界各国在全球格局中的地位及影响的看法发生了改变。他指出，当前世界处在一个"控制"和"反控制"战场，一方面是以美国为首的欧洲、日本与加拿大等对美国的称霸意图不满，另一方面是以苏联为首的东欧国家对苏联的称霸意图不满。毛泽东通过分析国际局势，认为美苏两国之间有诸多资本主义国家和殖民地国家的阻隔，并且这些国家皆有反对战争、对抗霸权的意愿。因此，在这些诸多不确定的因素尚未解决之前，美苏两国是不敢发动世界战争的。由此，根据国际形势的新变化，毛泽东适时完善了1946年提出的"中间地带"理论，提出"两个中间地带"理念，认为亚洲、非洲、拉丁美洲是第一个中间地带，欧洲、北美加拿大、大洋洲是第二个中间地带，要尽最大努力争取和团结这些地区和国家的力量，反对世界战争爆发。

其二，以文会友消灭战争因素，开启"小球转动大球"的乒乓外交。20世纪70年代，毛泽东虽然判断世界大战暂时不会爆发，但是他指出只要帝国主义国家在世界上仍然存在，将来就有爆发战争的可能。因此，毛泽东一方面强调目前这个世界并不安宁，要时刻警惕帝国主义发动战争，时刻准备反对战争、争取和平，另一方面则尽可能采取和平友好的方式来拉近各国之间的关系，推进国际社会持续稳定与有序发展。毛泽东认为，中国的发展要"靠世界上爱好和平人们的帮助，最主要的是保持和平环境，这是大家的最大利益"①。对于美帝国主义侵略中国周边国家和挑衅中国的霸权强权行径，中国不愿战

---

① 《毛泽东文集》第8卷，人民出版社1999年版，第73页。

争，但也不怕战争，而更希望通过谈判、协商的和平手段来解决问题。1971年，第31届世界乒乓球锦标赛期间，中国国家队队员庄则栋与美国国家队选手格伦·科恩在前往赛场途中友好互动，美国乒乓球队遂提出赛后到中国访问的愿望。进而，毛泽东果断作出邀请美国乒乓球队访华的重大决断，开启了中美"乒乓外交"的大门。国之交在于民相亲，民相亲可促国之信，毛泽东从两国人民共同利益、世界和平发展大局出发，以两国人文交流为契机，不仅推动了中美两国的交往，更缓解了世界的紧张局势。

其三，号召联合反对霸权主义，提出"三个世界"划分理论。20世纪70年代，毛泽东从美国和苏联的国家行动和国际做法中看出二者皆有控制全球的欲望，逐渐产生了反对美苏两个超级强国称霸全球的思想。同时，毛泽东批判了苏联作为社会主义大国，对兄弟国家实行大国沙文主义，将越南、中国等兄弟国家置于美苏主宰世界的谈判桌上，作为美苏对峙、争霸全球的工具和筹码这一行径。1974年，毛泽东在会见赞比亚总统卡翁达时，表明了自己对"三个世界"划分的看法，明确地把世界划分为三种政治力量，剖析了世界各国在国际上所处的政治经济地位和它们在国际斗争中的态度。"三个世界"理论指美国、苏联是"第一世界"，中间派的日本、欧洲、澳大利亚、加拿大是"第二世界"，亚非拉发展中国家和其他地区的发展中国家是"第三世界"；主张依靠"第三世界"，联合"第二世界"，以反对"第一世界"美苏的霸权主义。在美帝敌视、苏联施压的双重背景下，毛泽东不惧威胁，根据国家实力、政治立场、称霸反霸等内容，分析谁是我们的共同敌人、谁是我们的共同朋友，毅然提出了"三个世界"划分理论和建立反对帝国主义统一战线的国际战略。这不仅使世界各国人民看清了美苏争霸世界、压迫各国的反动本质，还逐步改善了我国同西方发达国家的关系，扩大了国际反对帝国主义统一战线的实质内涵，逐步发展成为独立于美苏两大集团之外维护世界和平、促进国际正义的一支重要力量。

"太平世界，环球同此凉热。"毛泽东不仅具备关注中国人民命运的民族精神，还拥有关注全人类前途的世界情怀。不论是建党初期反对帝国主义列强对中国的烧杀抢夺，还是抗战时期反对德、意、日为代表的法西斯联盟对世界的侵略掠夺，抑或是二战胜利后反对美苏两极的霸权主义和强权政治，以毛泽东为主要代表的中国共产党人始终胸怀天下，坚持以和平发展、友好互助为旗，紧密团结热爱和平、保卫和平的国内人民与国际人士，提出一系列世界各国人民联合反法西斯、反对美帝国主义、反霸权主义的统一战线。从团结带领中国人民和世界各国发起反帝、反殖、反霸斗争，可以看出以毛泽东为主要代表的中国共产党人立志实现天下大同的伟大抱负初心不改，追求天下太平的躬行实践永续不变，这为恢复和发展我国经济创造了良好的外部条件，并在维护世界和平、捍卫国际正义中发挥了重要引领作用。

第二节　关注天下发展大潮流：
以中国开放促进世界繁荣

以毛泽东同志为核心的党的第一代中央领导集体运用马克思主义深入研究中国革命的特殊规律和发展途径，并在社会主义革命和建设的道路探索中确立了中国共产党人胸怀天下的实践基调。以邓小平同志为核心的党的第二代中央领导集体接续了党在初创时期心系天下的理想信念、实践原则，洞察了世界和平发展的时代主调，将"不称霸"的庄严承诺付诸实践，作出了百万裁军的伟大壮举；重新确立了独立自主的和平外交政策，改变了一段时间内的"一条线"外交战略，逐步实现了与世界各国外交正常化；作出了改革开放的伟大决策，为世界的发展注入了中国活力与动力，承担起了世界上最大发展中国家发展自身与发展世界的责任。

一、"和平与发展"时代主题判定："不称霸"的世界承诺

二战结束后，由于美苏争霸、美国入侵越南等冲突不断升级，第三次世界大战可能爆发的阴霾一直使整个国际社会感到不安。然而，饱经战争摧残的中国人民与世界人民，早已对兵连祸结的战事充满厌恶、对来之不易的和平倍感珍惜、对繁荣昌盛的发展心驰神往。对此，邓小平同志思深忧远，对世界形势和我国周边环境作出科学分析，提出了"和平与发展"是时代主题的判定。

邓小平立足整体、着眼未来，通过观察国际形势总体变化、分析世界各国发展大势，对时代问题作出全局性、战略性的科学研判，强调"和平与发展"已经取代"战争与革命"成为时代主题。其一，和平是二战以来各国人民的共同期盼。邓小平认为，虽然存在着战争爆发的可能，但同世界发展趋势以及各国求和平、谋发展愿景的力量相比，这种可能就显得相对小了。因此，他分别于 1975 年和 1980 年作出了"大仗五年打不起来""大仗十年打不起来"的科学研判。正

是对世界和平因素与威胁因素有了双重认识，邓小平认为我们党可以放心着手发展国内经济。1980年，为了保持国家发展的良好势头，推动世界各国的共同发展，邓小平指出，我们要做的"第一件事，是在国际事务中反对霸权主义，维护世界和平……这个任务，每天都摆在我们的议事日程上"①。其二，发展是二战以来世界各国的共同追求。1984年，邓小平在与缅甸总统交流时曾说："国际上有两大问题非常突出，一个是和平问题，一个是南北问题。"② 而不断涌现出的新型冲突与矛盾，使国际社会亟须新的正确方向指导以冲破"战争与革命"的阴霾。对此，1985年邓小平根据世界形势新变化指出："现在世界上真正大的问题……一个是和平问题，一个是经济问题或者说发展问题。和平问题是东西问题，发展问题是南北问题。概括起来，就是东西南北四个字。"③ 邓小平关于和平与发展时代主题的高度概括，既是从中国人民的根本利益出发思考中国未来发展，也是从世界人民的共同利益出发指引人类社会走向。其三，和平与发展相辅相成，互为前提。中国人民与世界人民都希望世界保持永久和平、各国实现共同发展，对此，中国共产党坚持胸怀天下的伟大情怀，为了推动世界和平发展的人类事业，以自身的实际行动为国际社会和谐安定奉献中国力量，履行好"不称霸"的庄严承诺。

1985年，中央军委在北京召开军委扩大会议，会上邓小平宣布军队减少员额100万。中国军队精简一百万，这正是爱好和平的大国的信心展现，中国以裁军的实际行动为维护世界和平作出先锋示范！

---

① 《邓小平文选》第2卷，人民出版社1994年版，第239—240页。
② 《邓小平文选》第3卷，人民出版社1993年版，第96页。
③ 《邓小平文选》第3卷，人民出版社1993年版，第105页。

"百万大裁军"是新中国成立后军队整改中规模最大的一次尝试，是中国人民解放军史无前例的一次壮举，在当时冷战氛围环绕全球的情况下，这一行动需要极大的勇气与魄力，展现了我党领导人的深邃战略目光。世界各国媒体对于中国裁军百万这一壮举争相报道，国际社会对此感到震惊并热议，夸赞中国勇于裁军的宏伟壮举。路透社、美联社发表观点表示，中国裁减军队人数是邓小平基于时代主题为实现国防现代化、高质量化作出的正确决策，能有效避免军队内部人浮于事、队伍臃肿而效率低下，并有利于集中更多的人力与物力资源进行国家经济建设。其他国家媒体如法新社、南通社也报道说，中国虽然裁军百万，但丝毫不会影响中国的防御能力，反而能从侧面展现这个国家的强大，以及其捍卫本国与世界和平的坚定信心。《波恩评论报》则在更高层次上肯定中国维护世界和平、促进共同发展的做法，指出世界各国都在呼吁和平，大谈减少军人数量，但迄今为止真正做到的就只有中国，中国是真正的言行一致。

中国提出"和平与发展"时代主题，表达了中国对长时间内实现世界和平的信心，而中国的和平实践，则展现出一个拥有十多亿人口的东方大国愿意为世界和平与发展作出更大贡献。因此，中国为人类谋进步、为世界谋大同的理念与实践获得了国际社会的充分肯定与普遍赞扬。

二、 外交原则的新展现： 独立自主的和平外交政策

新中国成立初期，受冷战影响，在对外关系上采取"一边倒"的外交战略，即联合苏联为首的社会主义阵营，反对美国为首的帝国主

义阵营。到了 20 世纪 60 年代，由于中苏关系恶化，我们采取"两个拳头打人"的外交战略，既反美也反苏，积极支持亚非拉发展中国家反对霸权主义、争取民族独立的斗争。到 20 世纪 70 年代，中美两国经过共同努力走向和解，中国也最后确定了新的对外战略方针，即"一条线"外交战略。1973 年 2 月 17 日，毛泽东在会见基辛格时，表述了"一条线"的思想。他说："我跟一个外国朋友谈过，说要搞一条横线，就是纬度，美国、日本、中国、巴基斯坦、伊朗、土耳其、欧洲。"①"一条线"战略在当时对缓和中国在国家安全问题上所面临的极度紧张形势，使中国摆脱长期腹背受敌、孤立无援的状态，遏制苏联的扩张霸权，起了重要的作用。

　　进入 20 世纪 80 年代以后，国际形势发生了重大变化，美苏之间的争夺转入均衡、僵持阶段。在这种情况下，继续实行"一条线"战略，不仅没有必要，而且对中国不利。因为占世界人口四分之一的中国，在反对霸权主义、维护世界和平的斗争中，已经发展成为独立于美苏之外的一支重要力量，中国如果同美苏任何一国结盟或建立战略关系，都会影响世界战略力量的平衡，不利于国际形势的稳定。现实表明，"一条线"战略已不能适应中国的国际地位和建立正常的对外关系需要。从国际形势的变化和国内建设的实际出发，邓小平适时地指导我们党改变了"一条线"的战略，代之以更为实际、更为灵活、更具原则性的战略方针，即独立自主的和平外交方针。在邓小平看来，"我们奉行反对霸权主义、维护世界和平的外交政策。谁搞和平，我们就拥护；谁搞战争和霸权，我们就反对。我们同美苏两个超级大

――――――――――

① 《毛泽东年谱（1949—1976）》第 6 卷，中央文献出版社 2013 年版，第 469 页。

国都改善关系，但是他们哪件事做得不对，我们就批评，就不投赞成票。我们不能坐到别人的车子上去。我们这种独立自主的外交政策，最有利于世界和平"①。

新时期独立自主的和平外交方针酝酿于党的十一届三中全会，确立于党的十二大。1982 年 9 月，邓小平在党的十二大开幕式中明确提出："中国的事情要按照中国的情况来办，要依靠中国人自己的力量来办。独立自主，自力更生，无论过去、现在和将来，都是我们的立足点。中国人民珍惜同其他国家和人民的友谊和合作，更加珍惜自己经过长期奋斗而得来的独立自主权利。任何外国不要指望中国做他们的附庸，不要指望中国会吞下损害我国利益的苦果。"② 中国的对外政策是独立自主的和平政策，中国在任何时候任何情况下都坚持独立自主，同任何国家都没有结盟关系，完全采取独立自主的政策，坚决反对一切形式的霸权主义和强权政治。1984 年 11 月 1 日，邓小平在中央军委座谈会上的讲话中重申："我们现在是独立自主的外交政策，谁搞霸权主义就反对谁。不允许任何人打'中国牌'。这是维护和平的最好的政策。因为中国这个力量，加到任何一方，都会发生质的变化。我们说十年打不起来，包括我们这个对外政策的作用。最好的是我们现行的政策，这个最有分量，最有利于世界和平和国际形势的稳定。"③

中国独立自主的和平外交政策，一方面，要求中国不依附任何大国或国家集团，不屈从任何大国和国家集团的压力，不同任何大国或

---

① 《邓小平文选》第 3 卷，人民出版社 1993 年版，第 156 页。
② 《邓小平文选》第 3 卷，人民出版社 1993 年版，第 3 页。
③ 《邓小平年谱（1975—1997）》下，中央文献出版社 2004 年版，第 1012 页。

国家集团结盟，在国际事务中一切从中国人民和世界人民的根本利益出发，根据事情本身的是非曲直说公道话、办公道事，按照是否有利于维护世界和平、发展各国友好关系、促进世界经济繁荣为标准独立自主地作出判断，决定自己的立场和政策。另一方面，邓小平还指出，一定要尊重各国政党和人民，由他们自己去寻找道路，去探索，去解决问题。各国政党只有根据自己的实际，自己决定自己的政策，才有可能取得成功。邓小平对共产党历史上曾经存在的"一个指挥中心"的做法进行了深刻反思。他指出："国际共产主义运动没有中心，不可能有中心……独立自主才真正体现了马克思主义。"[1] 按照邓小平的这些思想，中共十二大通过的党章对中国共产党与国外政党的关系原则作了新的规定：在马克思主义基础上，按照独立自主、完全平等、互相尊重、互不干涉内部事务的原则，发展我党同各国共产党和其他工人阶级政党的关系。这个战略思想和策略主张，收到了良好的效果，使中国共产党与各国政党的关系得到健康发展，使中国成为维护世界和平与稳定的积极力量。

在这一外交原则的指引下，中国结束了与部分国家对峙的局面，与东西方各国的外交往来逐步正常化、普遍化。独立自主的和平外交原则受到世界各国的尊重与称赞，在外交实践中经受住了考验，为国与国之间的经济、贸易、科技、文化、金融等各方面的交流打开了局面，促进了国际战略格局的转变。

---

[1]《邓小平文选》第 3 卷，人民出版社 1993 年版，第 191 页。

三、 全方位对外开放： 为世界发展贡献中国力量

在发展面临向何处去的重大历史关头，以邓小平同志为核心的党中央领导集体意识到现在的世界是开放的世界，一个国家要想快速发展和繁荣稳定，必须实行对外开放的政策，闭关自守只能导致贫困和落后。1978 年 10 月，在党的十一届三中全会召开前夕，为交换《中日和平友好条约》批准书，邓小平应邀访问日本。访日期间，邓小平一行冒着细雨乘车来到日本松下茨木工厂。在参观完生产车间后，邓小平来到一间展览室，这里展示着高速传真机、录像机、微波炉等，这些是当时松下电器公司最先进的产品。讲解人员把一盘烧卖用微波炉加热后，请邓小平观看，不想邓小平拿起一个烧卖看了一下放到嘴里，边吃边说："味道不错，微波炉很好。"这一幕事先谁都没有想到，人们大吃一惊之后，无不赞叹邓小平敢于尝试的精神。我们党正是看到了我们与发达国家间的差距，也正是基于这种敢试、敢闯的精神，在党的十一届三中全会上，作出了改革开放的伟大决策，开始实行全方位的对外开放。

中国共产党始终心系天下的品质使得中国的对外开放不仅要发展自身，更要以普惠各国、协同发展为使命。这就意味着，中国实行的对外开放不单单是对部分大国的开放，更是对世界上所有国家的开放。邓小平指出："对外开放，我们还有一些人没有弄清楚，以为只是对西方开放，其实我们是三个方面的开放。"① 一是坚持对资本主义

---

① 《邓小平文选》第 3 卷，人民出版社 1993 年版，第 98—99 页。

发达国家的开放，如美国、日本、英国等发达国家。同发达国家开展经济贸易、文化交流、技术学习、经验探讨，一方面能够使我们拥有国际高水平的先进经验、技术装置、资金配置，另一方面也使中国融入世界体系，使中国将能够对这些国家以及整个国际经济体系作出较多贡献。二是对苏联以及东欧国家的开放。新中国成立后，我们与苏联以及东欧国家的联系时断时续，甚至影响了正常的国家交往。邓小平秉持着一视同仁的态度，提出："国家关系即使不能够正常化，但是可以交往，如做生意呀，搞技术合作呀，甚至于合资经营呀，技术改造呀，一百五十六个项目的技术改造，他们可以出力嘛。"① 三是对第三世界国家的开放。邓小平指出："大部分国家仍处于极其贫困的状态，他们的经济问题不解决，第三世界的发展，发达国家的继续发展，都不容易。"② 因此，中国实行的对外开放，不仅要同经济发达国家优势互补、共同促进，还要同发展中国家、欠发达国家相互支撑、互帮互助，促进世界各国的普遍发展。正是这种全方位性，使得中国的对外开放具有世界意义，具体体现在以下三点。

其一，中国的对外开放使得世界社会主义重新燃起了希望，世界社会主义运动的火炬被重新点燃。在过去的一段时间，世界社会主义面临着严重的挫折，甚至出现倒退的趋势，曾有人预言，若是苏联倒下，那么中国的社会主义也将不复存在。但令人感到振奋的是，中国在对发展道路的探索中，形成了适合自身的开放之路，中国不但没有在世界面前倒下，反而在社会主义事业艰难前行的关键时刻，将科学社会主义原理与中国发展实际、世界发展大势结合起来，创造了中国

①《邓小平文选》第3卷，人民出版社1993年版，第99页。
②《邓小平文选》第3卷，人民出版社1993年版，第106页。

式发展奇迹，扛起了世界社会主义建设的大旗。1992 年春天，邓小平先后到武昌、深圳、珠海、上海等地视察，并发表了一系列重要讲话，通称"南方谈话"。在谈话中，邓小平再次重申要坚定地推进改革开放，既要发展自身，壮大社会主义经济总量，又要与世界经济融合发展。无数的事实表明，纵使世界格局发生如何变化、世界形势变得如何严峻，中国未曾也决不会丢弃社会主义旗帜。只要中国这面社会主义旗帜依旧坚挺，那么整个世界的社会主义伟业就会拥有强大支撑，全世界的社会主义运动便拥有复苏的可能。正如邓小平所说："中国只要这样搞下去，旗帜不倒，就会有很大影响。"①

其二，中国的对外开放加深了人们对于社会主义本质及其发展规律的认识。在过去，人们对于社会主义外部环境的认识往往停留在"国际范围内的阶级斗争""世界战争危险性"等错误观念上，往往以"四面出击"的姿态出发，造成了社会主义运动在实践中经常碰壁。中国开放理论的基础就在于对社会主义运动与外部环境关系的正确认知，落后国家发展社会主义不是关起门来抵制资本与资本主义，在当前条件下反而应当加强同先进资本主义国家的合作与交流，以开放的姿态推动世界社会主义建立在人类文明发展史的地基之上。1991年，邓小平在上海视察，当谈到外滩的一些大楼可以租赁给外资银行时，就曾特别强调，不要以为一说计划经济就是社会主义，一说市场经济就是资本主义，不是那么回事，两者都是手段，市场也可以为社会主义服务。在党中央召开的多次会议中，针对关于姓资姓社问题的讨论，邓小平同志更是强调要坚定不移地发展中国特色社会主义市场

---

① 《邓小平文选》第 3 卷，人民出版社 1993 年版，第 320 页。

经济，这就打破了"养 3 只鸭子是社会主义，养 4 只就是资本主义"的僵化认识。中国的对外开放成了中国特色社会主义理论的重要一环，它的成功实践为世界上其他社会主义国家如何认识自身与外部世界的关系、如何处理社会主义与资本主义间的矛盾提供了指引。这就为世界社会主义国家、第三世界国家参与国际经济大潮流、努力发展自身、走向独立与强大提供了具有借鉴性的道路。因此，中国对外开放的成果不仅属于中国人民，也属于世界人民，它是 20 世纪世界社会主义的宝贵财富，是以中国为代表的社会主义迈向 21 世纪的光辉起点。

其三，中国的对外开放不仅对世界社会主义建设起着里程碑式的作用，还为世界经济发展注入了中国力量。中国是世界上最大的发展中国家，作为沟通发达国家与其他发展中国家的重要纽带，中国的发展对于世界经济有着举足轻重的作用。邓小平指出："从世界的角度来看，中国的发展对世界和平和世界经济的发展有利。"[1] 中国自身是一个多人口的庞大国家，中国注入世界经济的大血脉为其他发达国家提供海外市场，因为"世界市场的扩大，如果只在发达国家中间兜圈子，那是很有限度的"[2]。1979 年中国利用外资仅 42 亿美元，1981—1985 年年均仅为 20 多亿美元，到了 1992 年时便有 192.01 亿美元，是 1979 年的 4.5 倍，年均增长 11.5%。我国出口额由 1979 年的 136.6 亿美元迅速增加到 1992 年的 849.4 亿美元，增长了 5.2 倍，年均增长 16%；出口额占 GDP 的比重也由 1979 年的 5% 增加到 1992 年的 17.5%；出口依存度也接近世界正常 25%—30% 的水平。中国在

---

[1]《邓小平文选》第 3 卷，人民出版社 1993 年版，第 79 页。
[2]《邓小平文选》第 3 卷，人民出版社 1993 年版，第 79 页。

世界贸易中的地位由 1980 年的第 26 位上升到 1992 年的 11 位，提前 8 年实现了预定的 2000 年出口额达到 1600 亿美元的战略任务。[①]

第三节　关注天下变化大格局：
以"入世"促进世界多极化共同发展

　　始终保持对世界格局变化的敏锐洞察，抓住并利用好各种机遇，是我们党前行过程中的不变命题。中国共产党的各类战略安排取得的突出成就，都与顺应世界格局的变化密不可分。面对国际格局风云变幻，我们始终坚持维护世界和平、促进共同发展的外交宗旨，坚持多种形式的和平外交，为促进世界格局的和平稳定作出了自身贡献；坚持"引进来"与"走出去"相结合，经过不懈努力成功"入世"，主动打开国门参与国际分工与合作。以江泽民同志为核心的第三代中央领导集体在进一步推进对外开放中，始终坚持这一外交宗旨不动摇，在为自身创造新辉煌的同时，也为世界和平发展作出了贡献。

　　一、对世界多极化的回应：维护世界和平，促进共同发展

　　冷战结束后，世界格局动荡不安，诸多影响和平与发展的不确定

---

① 卿定文、程掀：《改革开放以来中国经济外向发展的进程、特点及趋势分析》，《经济问题探索》2007 年第 4 期。

因素仍然存在，国际社会长时间呈现出总体和平但局部仍有战乱的态势。在对当时的国际大势进行全面观察分析后，江泽民同志提出了世界多极化趋势难以阻挡的历史性判断，认为这是当时世界形势的主要特征。尽管全球多极化格局的最终形成将会是一个充满复杂斗争的长期过程，但多极化这一历史方向将会不可逆转。

以江泽民同志为核心的第三代中央领导集体坚定站在时代发展前列，在继承先进理论的基础上，为适应新情况、应对新挑战、抓住新机遇，创造性地提出了维护世界和平、促进共同发展的外交宗旨。在党的十六大报告中，江泽民同志指出："我们主张顺应历史潮流，维护全人类的共同利益。我们愿与国际社会共同努力，积极促进世界多极化，推动多种力量和谐并存，保持国际社会的稳定；积极促进经济全球化朝着有利于实现共同繁荣的方向发展，趋利避害，使各国特别是发展中国家都从中受益。"[1] 这就意味着，尽管当时国际格局发生了重大变化，多极化趋势成为世界各国将要面临的新的国际环境挑战，但中国将矢志不渝地坚守独立自主的外交原则，同世界各国共同努力，维护多种力量的和谐共存，与其他国家合力推进整个世界和平发展的崇高事业。主要表现在以下两点。

其一，反对任何形式的称王称霸，杜绝强权政治，以坚定的决心维护国际社会的稳定和谐。国与国之间的交流沟通应该坚持平等、和平的原则，绝不能以武力威胁等形式恃强凌弱、干涉他国的独立与主权，更不能强加自己的意志于他国。1997 年 4 月 23 日，江泽民主席

---

① 《江泽民文选》第 3 卷，人民出版社 2006 年版，第 566 页。

和俄罗斯联邦总统叶利钦在克里姆林宫签署《中华人民共和国和俄罗斯联邦关于世界多极化和建立国际新秩序的联合声明》。《声明》指出，双方主张确立新的具有普遍意义的安全观，认为必须摈弃"冷战思维"，反对集团政治，必须以和平方式解决国家之间的分歧或争端，不诉诸武力或以武力相威胁，通过双边、多边协调合作寻求和平与安全。这一文件对发展睦邻友好关系、保持边境地区长期稳定局势、保持和进一步加强亚太地区乃至世界的和平稳定产生了积极、深远的影响。

其二，推动构建国际政治经济新秩序。在国际经济规则制定上，应该以合作发展、相互促进为原则，避免贫富悬殊的发展局面。在国家安全的维护上，应树立相互信任的姿态，共同维护双方交往的可靠环境，树立互信、互利、平等、协作的新安全观。2001 年 6 月 15 日，江泽民主席同俄罗斯、哈萨克斯坦、吉尔吉斯斯坦、塔吉克斯坦以及乌兹别克斯坦领导人相聚上海，六国元首正式签署《上海合作组织成立宣言》，正式成立上海合作组织。上海合作组织的成立，意味着中国在具有实质意义的国际性组织中展现出了自己的主动性和主导性，为地区和世界的和平、稳定、合作与发展作出了积极贡献，对推动世界多极化将产生深远的影响。目前，上海合作组织已成为世界上幅员最辽阔、人口最多的综合性区域合作组织。据上合国际贸易中心发布的数据显示，上合组织贸易总额从 2001 年的 6670.9 亿美元增长至2020 年的 6.06 万亿美元，20 年间增长近 100 倍；占全球贸易总值的比重从 2001 年的 5.4％增长至 2020 年的17.4％，上合组织成员国全球贸易影响力持续增强。①

　　在世界多极化格局下，坚持把维护世界和平、促进共同发展作为中国外交政策的宗旨成为我国外交工作的新指向。这一外交宗旨使我们在复杂多变的局势面前能够始终保持独立思考与清醒认识，为世界的和平与发展贡献中国外交力量。

二、 丰富外交形式： 大国作为的和平实践

　　在维护世界和平、促进共同发展的外交宗旨的指导下，中国开展了诸多形式的大国外交，以谋求自身的和平实践能够在国际或地区事务中发挥应有的推动作用。

　　其一，积极开展多边外交，参与多边合作。在加强多边外交活动方面，江泽民强调："我们将继续积极参与多边外交活动，在联合国和其他国际及区域性组织中发挥作用，支持发展中国家维护自身的正当权益。"② 中国作为联合国安理会常任理事国之一，坚决维护联合国宪章的宗旨以及原则，在参与国际事务的商讨中积极推动政策与改革向着有助于发展中国家的方向发展。同时，中国坚持多边外交，广泛参与各类国际性或区域性组织，加强同各国在诸多领域尤其是经济、贸易等领域的交流借鉴与相互合作。1998 年，以纪念《中日和平友好条约》缔结 20 周年为契机，江泽民以国家元首身份对日本进行了

---

　　① 海关总署全球贸易监测分析中心等编：《上海合作组织成立 20 年贸易发展报告》，中国海洋大学出版社 2021 年版，序言第 1 页。

　　②《江泽民文选》第 3 卷，人民出版社 2006 年版，第 567—568 页。

国事访问，本着以史为鉴、面向未来的精神，同日本领导人共同确立了两国"面向二十一世纪，建立致力于和平与发展的友好合作伙伴关系"，这成为新世纪中日关系的努力方向。2001 年 4 月，在跌宕起伏的中美关系面前，以江泽民同志为核心的党的第三代中央领导集体理性思考、沉着面对，以高瞻远瞩的眼光提出了"增加信任、减少麻烦、发展合作、不搞对抗"① 和"增进了解、扩大共识、发展合作、共创未来"② 的双十六字方针，这既符合中美两国的共同利益，又为妥善地处理两个大国之间的一系列事件提供了指引。2003 年，中国制定和发表了第一份对欧盟政策文件，同年 10 月，中欧第六次领导人会晤期间，双方提出建立和发展"全面战略伙伴关系"。除此之外，在和平外交宗旨的指引下，中国还与非洲、南亚、拉美等在维护世界和平上达成了共识，与诸多国家建立起了和平外交关系。

其二，继续加强睦邻友好，坚持与邻为善。江泽民指出："我们将继续加强睦邻友好，坚持与邻为善、以邻为伴，加强区域合作，把同周边国家的交流和合作推向新水平。"③ 善邻方能固邦，始终做到与邻为善、以邻为伴、和睦相安，是我国同周边国家交往的真切希冀。一直以来，中国致力于同周边国家开展友好经贸往来，努力加强区域间合作，通过参与多边政治协商与安全对话，倡导与践行新安全观，推动与周边国家之间的彼此信任。1994 年，江泽民主席在莫斯科国立关系学院演讲时强调，两国新型关系应该建立在和平共处五项原则基

①《江泽民文选》第 2 卷，人民出版社 2006 年版，第 546 页。

②《江泽民文选》第 2 卷，人民出版社 2006 年版，第 50 页。

③《江泽民文选》第 3 卷，人民出版社 2006 年版，第 567 页。

础之上，成为不对抗、不结盟，睦邻友好、互利合作、共同繁荣的好邻居、好伙伴、好朋友，并提出了发展两国新型关系的"六条原则主张"。2001 年 7 月，中俄两国元首签署的《中俄睦邻友好合作条约》，确立了中俄世代友好、永不为敌的和平思想，标志着中俄战略协作伙伴关系进入了一个新的发展阶段。随后江泽民同志在国立莫斯科罗蒙诺索夫大学向俄罗斯各界知名人士发表演讲时指出，《中俄睦邻友好合作条约》是指导两国关系长期健康稳定发展的纲领性文件，在这个条约的指引下，新世纪的中俄关系必将达到新的更高的水平。

其三，发展新型的党际交流和合作关系，促进国家关系的发展。高举世界社会主义旗帜、发展中国特色社会主义，要求我们党不仅要加强自身内部建设，还应当加强同国外其他政党间的交流，并以党际关系的和谐友好推动国家间关系向好发展。江泽民同志在党的十六大报告中指出："我们将继续坚持独立自主、完全平等、互相尊重、互不干涉内部事务的原则，同各国各地区政党和政治组织发展交流和合作。"① 1997 至 2002 年间，中国共产党的对外工作蓬勃发展，成就令人瞩目。5 年间，我党派出约 400 个代表团组出访世界各国，接待了 800 多个来访的外国政党代表团，同世界上约 147 个国家和地区的 400 多个政党和组织建立了联系，初步形成了全方位、多渠道、宽领域、深层次的党际交往局面。② 通过政党外交搭建的独特舞台，国际社会在较高层面上了解了中国共产党的历史、现状及其大政方针和"三个

---

① 《江泽民文选》第 3 卷，人民出版社 2006 年版，第 568 页。
② 戴秉国：《锐意进取　不断创新中国共产党十五大以来对外工作新特点》，《人民日报海外版》2002 年 10 月。

代表"重要思想，中国共产党向世界展示了开明开放、与时俱进、爱好和平、致力于合作与发展的良好形象。

其四，广泛开展民间外交，扩大对外开放新途径。通过不同的渠道，开展不同层次、不同领域的外交工作，是我们党对外交往的一大特色。民间外交作为中国开展对外关系的重要一环，发挥着其他外交方式不具备的独特优势与便捷条件。中国向来支持本国人民与他国人民开展广泛的民间交往与联系，允许和鼓励各界群众团体或者民间组织对外开展多形式、多领域的交流，最终推动国家间友好关系的发展。在开展民间外交方面，江泽民指出："我们将继续广泛开展民间外交，扩大对外文化交流，增进人民之间的友谊，推动国家关系的发展。"[1] 在这一思想的指导下，我们与世界多国的友好组织与社会团体保持各种形式的交往与联系，如 1997 年，我国就先后接待了 30 多个国家对华友好组织的代表团，派出的友好代表团访问了 40 多个国家和地区。[2] 中美两国间的民间交往也在 20 世纪 90 年代获得了长足进展，双方每年人员往来突破了百万人次，数万中国留学生前往美国大学交流学习，双方在教育、科技等方面的民间交流频繁且颇具成效。另外，如为加强和沙特阿拉伯的民间友好关系，我们和沙特同时成立了"中国沙特阿拉伯友好协会"和"沙特阿拉伯中国友好协会"。诸如此类的互惠交流、互利合作，加深了不同国家间人民的了解，深化了彼此间的友谊，对中国同各国开展友好对话具有积极意义。

---

①《江泽民文选》第 3 卷，人民出版社 2006 年版，第 568 页。

②《加强民间交往　促进共同发展——对外友协会长齐怀远谈 1997 年中国民间外交》，《友声》1998 年第 2 期。

可以看到，中国共产党和中国政府始终愿同全世界一切爱好和平、渴望发展、向往进步的国家和人民携手，争取创造一个长时期的国际和平环境，共同推进历史的车轮向着光明的目标前进。正如江泽民指出的："世界正向着光明和进步的目标迈进。道路是曲折的，前途是光明的。和平的力量，正义的力量，进步的力量，终究是不可战胜的。"①

三、 加入世界贸易组织： 参与国际分工， 促进共同发展

世界贸易组织是当今世界处理贸易问题最重要的国际组织，在协调各国之间的贸易关系方面起着十分重要的作用。面对世界经济一体化，中国申请加入世界贸易组织，是积极参与世界贸易、国际分工协作的必然要求。加入世界贸易组织，一方面，能够鼓励我国的实力企业积极走出去，到国外去投资设厂，通过外部空间进行经济结构调整和资源优化配置，弥补我国经济发展面临的国内资源短缺和市场不足的问题；另一方面，不断开拓国外投资市场，也为世界经济打开了中国机遇之窗，有助于增强世界经济发展的活力与动力。因此，加入世界贸易组织是中国融入世界经济体系的必然要求，这既发展了自己，也造福了世界。

中国加入世界贸易组织并非一帆风顺，而是经历了长达数年的谈判、经历了漫长而曲折的过程才实现的。自中国 1986 年 7 月 10 日向

---

① 《江泽民文选》第 3 卷，人民出版社 2006 年版，第 568 页。

世界贸易组织的前身——关贸总协定递交复关申请起，到 2001 年 12 月 11 日正式加入世界贸易组织，其间历经多次谈判，长达 15 个春秋。这期间和美国的谈判最为艰难，用跌宕起伏、一波三折来形容丝毫不为过。1999 年 11 月，美国派代表到北京进行入世谈判。这场谈判历经 6 天 6 夜，状况百出，美方出尔反尔，一再变卦。在最终签署协议前，美国甚至提出了需要中国答应的 7 个要求，包括一些农产品、农业资料的进口关税今后由美国来调节等。中方做出了三个让步，从第四个要求开始，朱镕基总理直接告诉美方，中方已经显示诚意，作出让步，后面的几个要求美国也该作出让步。经过一段时间的商议，美方最终同意和中方签署入世的双边协议。2001 年 11 月 10 日，世界贸易组织第四届部长会议在卡塔尔的首都多哈举行，在没有任何反对意见的情况下，大会主席卡迈勒敲响了手中的木槌，宣布通过关于中国加入世贸组织的决定。为了这一锤，中国等了足足 15 年。同年 12 月 11 日，中国正式加入世界贸易组织，开始正式融入世界经济体系。

当然，谈判的过程艰辛、时间漫长，也恰恰证明了中国在维护自身以及促进世界发展上所付出的巨大努力。自加入世界贸易组织后，中国积极为世界贸易经济发展作出自己的贡献，严格信守承诺，为开展国际经济技术合作创造更加良好的条件。中国清理并修订了约 3000 部法律、法规和部门规章，涉外经济法律体系不断完善，贸易政策的透明度不断增强。中国依照承诺逐步降低关税，2005 年平均关税水平已降到 9.9%，并取消了大多数非关税措施。中国还与 150 多个国家和地区签署了双边贸易协定或议定书，与

110 多个国家签署了双边投资保护协定，与 80 多个国家签署了避免双重征税协定，成为双边贸易投资自由化和便利化的积极参与者。同时，加入世界贸易组织使我们有机会参与国际贸易规则的制定，通过发表意见、提出建议、参与谈判维护发展中国家的切身利益。我国在加入世界贸易组织后，通过一次次的贸易合作获得更多的机会，加强了同成员间尤其同发展中国家之间的经济往来，在世界性经济事务中努力发挥与自身地位相当的作用，推动了国际经济秩序的合理化。因此，加入世界贸易组织不仅为我国经济贸易获得了更为广阔的国际环境，还加速了世界经济结构的调整和资源优化配置，在参与国际分工的过程中不断激发世界发展的活力与创造力。

第四节　关注天下治理新秩序：
推进和谐世界建设

党的十七大分析了中国当前的发展情况以及时代发展新特征，指出："当今世界正在发生广泛而深刻的变化，当代中国正在发生广泛而深刻的变革。"[1] 基于这一论断，中国提出了建设一个持久和平、共同繁荣的"和谐世界"的思想。建设"和谐世界"符合全人类的发展诉求，能够有效应对人类社会面对的风险挑战，深刻体现了中国共

---

[1]《胡锦涛文选》第 2 卷，人民出版社 2016 年版，第 613 页。

产党人的天下观。

一、 国际秩序新构想： 和谐世界的提出背景

随着全球化的不断推进，国与国之间的依赖程度越来越深，世界主要大国之间的关系展现出了新的态势。在经济层面，主要国际经贸往来普遍要求各国实现优势互补，但少数国家却在费尽心机觊觎他国利益以求损公肥私，使得经济协作与贸易冲突相伴而生。在政治层面，主要大国虽极力倡导达成国际共识、实现平等协商，但在实际作为中又时常展现出霸权主义的倾向，使得国际政治关系稳定性与动荡性并行。在军事层面，主要大国既希望减少军事备战、避免军事冲突，又不时强化自身军事力量以实现实力制衡，使得军事安全的互动与互制并存。面对这些新形势与新挑战，我国外交理念也因时而变、因势而生，适时提出了构建和谐世界的外交理念。从 2005 年胡锦涛在联合国成立 60 周年大会上的讲话提出"和谐世界"的科学概念，到 2007 年党的十七大报告关于建设和谐世界的系统论述，"和谐世界"成为中国共产党人天下观的重要组成部分。

构建和谐世界是促进世界各国和睦相处、建设民主世界的必然要求。虽然追求和平与发展已经成为世界各国共同的渴求，但由于国家主体间的力量悬殊，霸权主义、单边主义仍然与世界多极力量相抗衡，这些都制约着国际关系民主化的进程。如伊拉克战争就是以英美军队为主的联合部队在 2003 年发动的对伊拉克的军事行动。美国以伊拉克藏有大规模杀伤性武器并暗中支持恐怖分子为由，绕开联合国

安理会，单方面对伊拉克实施军事打击，而其实质不过是美国借反恐时机，以伊拉克拒绝交出生化武器为借口，趁机清除反美政权、维护美元霸权地位的一场战争，是霸权主义、强权政治在国家主权上的挑衅。这场战争虽然遭到俄罗斯、法国、德国、中国、阿拉伯联盟、不结盟运动等多个国家政府和国际组织的批评与谴责，但美国政府仍然一意孤行，指挥 18 万占领军介入伊拉克战争，并宣称有 49 个国家支持该军事行动，但真正参战的国家只有美国、英国、澳大利亚和波兰四国。因此，从现有的国际形势看，清除霸权主义、殖民主义，实现国际民主化依然面临重重困难，征途艰险。构建和谐世界思想符合国际民主发展的客观需要，抒发了世界人民共同的内心诉求，是建设民主国际的必由之路。

构建和谐世界是推动世界各国经济稳定发展、建立繁荣世界的必然要求。二战结束以来，发展作为推动经济增长、解决社会矛盾和难题的有效途径和手段被各国摆在了突出位置。然而，世界发展问题一直没有得到解决。2007 年，全球经济动荡明显，主要存在以下两方面的原因。一是欧洲货币的信用风险在扩大。欧洲在某种程度上正在挑战美国的全球化利益，其核心是欧元挑战了美元的全球地位。欧元价值与欧洲经济之间潜在的"失衡"势必会导致其货币信用失控，并会影响到国际金融市场的资产价格和流动性风险。二是伊朗与美国之间的对抗愈加尖锐，特别是伊朗不断发出减持美元、排斥美元及将以欧元进行所有交易（包括石油）的言论，导致了石油美元与石油欧元之间转换的风险失控，大大影响了国际金融资产价格变化的调整，尤其是增加了石油价格的波动变数，并导致 2007 年下半年石油价格的大幅上涨，引起了全球金融资产组合调整的恐慌及混乱局面。因此，构建和谐世界，"推动经济全球化朝着均衡、普惠、共赢方向发展"①，便显得尤为重要。

构建和谐世界是实现文明和谐交流、建设包容世界的必然要求。和谐世界思想与中华优秀传统文化的精髓密切相关，中国自古以来便提倡"和合"思想，不论是"和"抑或"合"都绝不是片面强调绝对的同一化，而是在"和"中实现"不同"，即在尊重差异的基础上做到"和而不同"，实现文明和谐共处。和谐世界理念在文化领域强调构建海纳百川、纷繁多样的世界，在多种文明的冲突碰撞中擦出新的人类文明火花，在多种文明的交流借鉴中更新与扩充国家传统文明，以实现人类文明的和谐进步，实现包容性世界的搭建。胡锦涛曾在演讲中指出："各国应该维护世界多样性和发展模式多样化，坚持平等对话和交流，倡导开放和兼容并蓄的文明观，使不同文明在竞争比较中取长补短，在求同存异中共同发展……应该努力使世界上所有文明、所有民族携手合作，共同推进人类和平与发展的崇高事业。"②

二、 新的世界发展观： 和谐世界的内涵展现

党的十七大报告提出了建设"持久和平、共同繁荣的和谐世界"，并从政治、经济、文化方面阐述了其深刻内涵，从而使建设和谐世界理论更加具体化、现实化。和谐世界的建设不再是空中楼阁，而是包

①《胡锦涛文选》第 3 卷，人民出版社 2016 年版，第 335 页。
②《胡锦涛文选》第 2 卷，人民出版社 2016 年版，第 445—446 页。

含世界秩序观、安全观、文明观的可实践理论，是中国共产党人天下情怀的进一步具体化。

世界政治和谐观。世界政治秩序和谐的核心要求就在于维护世界政局稳定，实现国际主体交往的相互尊重。和谐世界理论对于实现这一核心诉求提出以下几点要求。其一，以国际法为准则，重申在国际交往中各主权国家地位平等、主权神圣而不可侵犯。在国际事务中，每个国家均是国际社会的独立成员，不论实力强弱，其国家主权和国家尊严都应得到尊重。其二，在处理国际事务时，应给予各国充分的独立处决权，通过对话协商来解决国际冲突。国际问题和平解决的重要前提便是各国拥有独立处决权，而放眼世界，仍然弥漫着冲突动荡甚至是战火硝烟。造成这种局面的破坏性因素便是某些国家剥夺了别国的独立处决权，从而导致国际交往的基本原则遭受破坏，引发各类争论甚至武力冲突。其三，在相互尊重各国主权的基础上，将国家利益与人类利益联系起来。世界政治格局的不断演变与经济全球化的不断发展息息相关，经济贸易的冲突对于世界政治格局的和谐有着重大影响。要实现世界政治和谐，就必须以人类共同利益为依托，通过经济秩序的维护、共同利益的建设来推动世界政治保持和谐稳定。

世界经济和谐观。当前世界经济的主要特征便是经济全球化深入推进，各国以及各地区的经济发展都受制于全球经济统一体。从总体上看，这为世界各国参与经济合作提供了新的机遇。但是，任何事物都是一体两面的，在世界经济逐步聚合的同时，也有着导致其分裂的内在矛盾：以西方为主导的经济规则主导了世界经济发展秩序，使大多数发展中国家在世界贸易中处于弱势地位，日渐与发达国家拉开经济差距。经济全球化带来的益处成为这些国家经济旋律中的次要方面，经济畸形发展、资源被瓜分成为其国民经济的深刻创伤。和谐世界理论在经济方面的呼吁便为这些国家破解经济全球化带来的难题提供了指导：一是发展中国家应重视世界经济融合的趋势与世界发展的客观规律，坚持在开放中谋发展、在竞争中谋进步；二是要注意维持世界经济健康发展，倡导以共同努力代替不人道竞争，以普惠共赢代替大国私利；三是要推动国际经济秩序的合理化、平等化，使发展中国家也能获得发展自身的国际环境、收获更多实惠。

世界文化和谐观。世界各国各民族在自身发展过程中形成了各具特色的文化，不同国家不同民族不同文化间的交流碰撞，就造就了既富有特色又密切相关的世界文化。和谐世界应包括政治民主和谐、世界经济和谐、世界文化和谐，后者是前二者的重要意识基础。关于世界文化和谐，有着以下几点要求。一是要承认文化的多样性是促进人类文明发展进步的动力。否定文化多样性及其积极作用，主张用单一的西式文化改造或者取缔他国文化，必将使得世界文化趋向单一，阻碍人类文明的发展进程。二是尊重世界不同类型的文化。文化没有优劣的区别，哪怕是弱小民族，其文化在人类文明宝库中也起着重要作用。蔑视、贬低他国文化的做法都是短视而且愚昧的，是制造文化对立的不轨行径。三是要加强不同文化间的交流互鉴。建设文化和谐世界，就要求各国政府、国际组织为不同文化或者文明间的交流提供便利条件，以多种形式汇聚不同文化的创造伟力，让所有民族都能携起手来，合力推动人类文明进步事业。

三、　全球治理的新高度：　和谐世界的价值意义

进入 21 世纪，人类既充满希望和憧憬，又遭遇诸多困扰和灾难。建设和谐世界的主张展现了人类社会未来发展的光明前景，是人类着力实现国际社会和谐的自觉主动精神的体现。建设和谐世界理念是中国在新的历史时期对于世界所作的新贡献，它既是属于世界发展的思想理论，更是指引各国朝着美好明天前进的实践理论，具有重要的世界意义。

和谐世界建设理论创新了现有的国际关系理论。和谐世界建设理论的提出，标志着国际关系理论取得了新的突破，新的国际关系话语体系建构起来了。在这之前的主流国际关系理论建立在以西方国家为主导的影响力之上，诸如"国强必霸论""文明冲突论""中国威胁论""历史终结论"等成为某些西方国家主导国际秩序、影响国家正常交往的言论，其实质不过是部分国家维护本国利益的手段。和西方国际关系理论不同，和谐世界建设理论构建了全新的国际关系话语体系：一是新观点。和谐世界建设理论强调以"和"为中心，为实现世界在更高范围、更深层次、更大格局下达到和平境界提供了全球治理的中国新主张。二是新方法。和谐世界建设理论从世界发展出发寻求和谐之道，突破了西方国家总是从本国利益出发思考世界问题的旧方法。三是新概念。和谐世界建设理论蕴含了丰富的国际理论新概念，如和谐世界、和谐周边、和谐地区、和谐外交等。在 2008 年北京奥运会、残奥会期间，这一新观点、新方法、新理念被付诸实践。北京

奥运会倡导"和""合"的世界友好交往理念，吸引了 130 多位外国领导人，41 位前总统、前总理，260 多位体育部长及其他众多外国贵宾来华观奥，其规模之大、级别之高前所未有。其中包括美国总统布什、俄罗斯总理普京、法国总统萨科齐等。[①] 一时之间，政要云集北京，上演了一场在中国、奥运会乃至世界历史上都是规模空前的"奥运外交盛宴"。北京奥运会的成功举办，是全国各族人民齐心协力的结果，也是爱好体育、热爱和平的世界诸多国家政府和人民以及众多国际友人广泛理解与支持的结果。北京奥运会给了世界一个了解中国的机会，也给了中国一个了解世界的机会。随着北京奥运会的成功举办，中国人民与世界各国人民的了解和友谊进一步加深，中国与世界各国的交往达到新的水平，中国的国际地位和影响力进一步提升，为国际关系的和谐提供了更为广阔的发展空间和难得的机遇。

和谐世界建设理论为解决国际问题提供了新思路。当世界诸多国家致力于建设和平、和谐的国际社会环境时，国际社会的诸多纷争仍然干扰着这一美好环境的建设。一方面，国家战争、地区冲突此起彼伏，甚至一些国家的军备竞赛导致整个世界遭受核战争的挑战；另一方面，传统安全威胁与非传统安全威胁并存，以非传统安全威胁占主导，如生态环境恶化、武器扩散、非法移民等威胁着整个国际社会的和平稳定。中国提出的和谐世界建设理论以世界各国人民的利益维护为出发点，正视国际性问题的尖锐与复杂，以和谐、和平作为处理国际争端的出发点与落脚点，在寻求矛盾的解决中，最大化地维护国际

---

① 杨洁篪：《北京奥运积极影响中国外交——对〈世界知识〉书面采访的答复》，《世界知识》2008 年第 20 期。

主体间的共同利益。在解决国际争端方面，中国一直以来都以自身的实际行动为世界和平作出贡献。如2004年10月，中国维和警察防暴队员赴海地维和，这是我国第一次派遣成建制的防暴警察执行联合国维和行动。在此后的几年里，中国维和部队远赴苏丹、黎巴嫩等地区执行维和任务，是联合国安理会常任理事国中派出维和官兵最多的国家之一。修筑修复道路、架设维修桥梁、排除爆炸物、运送物资、接诊病人，在每一个联合国维和任务区，中国"蓝盔"部队不仅是和平的守护人，更是友谊和文明的传播者，他们以自己的实际行动彰显中国"爱和平、负责任"的大国风范，展示出中国军队"威武之师、文明之师、和平之师"的良好形象。

和谐世界建设理论为人类奋斗提供了理想目标。人类社会的未来状态将会怎样，一直是国际社会高度关注的问题。在不同的发展时期，人类根据当下的国际发展情况并结合自身认识，曾提出过诸多关于国际社会理想状态的设想。例如，在反对封建专制统治时，资产阶级提出了建立自由、民主、博爱的世界构想，但以"理性"为基础的世界理想仅仅只是资产阶级描述的理想王国罢了。空想社会主义也曾提出过相关设想，他们追求的理想世界是"绝对真理、正义以及理性"的表现。但他们所设计出来的理想世界并非内生于人类实践构建的现实社会，而是从外部世界虚构背景条件强加给人类社会的。因此，这一理念也未能摆脱空想的局限。和谐世界建设理论在某种程度上也是构建理想世界目标的具体体现，但其自身具有的特色使得其在诸多理论中脱颖而出，对后世影响深远。一是和谐世界建设理论想要实现的理想目标，并非某个国家或者地区的发展目标概括，而是对整个世界发展进步所作的整体目标概括。它包含了庞大、综合的目标体系，在这个体系中既有涉及整个人类社会的总体要求，即实现持久和平、和谐与稳定，又有总体目标的分解形态，即政治、经济、文化、安全、环保五个方面的国际目标与具体规定。二是和谐世界建设理论的目标并非海市蜃楼可望而不可即，而是扎根现实的具有可操作性的目标设想。和谐世界建设理论在致力实现理想目标时，提出了"三个联系"的原则，即把中华民族的理想诉求和全人类共同价值相联系，把维护国际社会和平发展的现有任务同实现世界持久和平、共同繁荣的共同目标相联系，把对理想目标的理念设想同打造国际新秩序的各国实践相联系，这就为人类共同奋斗确立了世界期盼的理想目标。

第三章

胸怀天下的时代升华

当前，我国发展新的历史方位是中国特色社会主义进入新时代，这"意味着近代以来久经磨难的中华民族迎来了从站起来、富起来到强起来的伟大飞跃，迎来了实现中华民族伟大复兴的光明前景；意味着科学社会主义在21世纪的中国焕发出强大生机活力，在世界上高高举起了中国特色社会主义伟大旗帜；意味着中国特色社会主义道路、理论、制度、文化不断发展，拓展了发展中国家走向现代化的途径，给世界上那些既希望加快发展又希望保持自身独立性的国家和民族提供了全新选择，为解决人类问题贡献了中国智慧和中国方案"。在新时代，中国共产党人为世界现代化新模式注入新能量，为世界格局的变化贡献中国智慧与中国方案。

第一节　中国式现代化道路：
对世界现代化的大国贡献

　　以"自由主义"为发展理念的西式现代化创造了空前繁荣的资本主义物质文明，催生出的诸多发展奇迹吸引着越来越多后发展国家争相模仿。但西式现代化道路与人类社会前进所需要的真正平等、和谐、自由等内在价值观念相违背，使得它不但不能给发达国家自身带来长足进步，还引起了其效仿者甚至整个国际社会的动荡不安。对发达国家自身来说，他们也开始寻求其他出路，如美国左翼组织"社会主义替代"2021年9月召开全国大会并发布报告认为，当前西方国家正在经历深刻的资本主义危机和衰退，"自由市场"必须通过国家的强硬干预才能自救。美国学者福山2017年接受《华盛顿邮报》采访时说："25年前，我不知道民主制度会如何倒退，也没有理论来谈这个问题。现在我认为，民主制度显然可能倒退。"对于效仿者来说，更是如此，智利、墨西哥、阿根廷、巴西、俄罗斯、波兰和其他东欧各国等，实施"华盛顿共识"时基本上都会遭遇通货膨胀、外债大增、产出下降等严重问题。中国共产党自一开始就致力于开辟不同于西方的现代化新道路，以西式现代化道路的经验教训为鉴，以世界历史的视野考察人类现代化发展，开创了独具中国特色的现代化新路，创造了诸多中国式的发展奇迹，为世界其他国家的现代化发展提供了经验借鉴。党的二十大指出："经过十八大以来在理论和实践上的创新突破，我们党成功推进和拓展了中国式现代化。"① 以习近平同志为核心的党中央针对世界发展的新变局，提出新发展理念、新发展格局、中国梦等，为中国式现代化道路注入新能量，为世界现代化发展作出了新的大国贡献。

一、 新发展理念： 现代化发展方向的新指引

我国的现代化建设自新中国成立以来已经走过了 70 多年的历程，在自主发展、开放发展、科学发展等理念的指引下，中国的现代化建设取得了让世界各国赞叹的非凡成就。在新时代，世界经济发展缓慢、复苏乏力，需要以新的发展理念去破解发展难题、增强发展动力、厚植发展优势。习近平总书记指出："发展是一个不断变化的进程，发展环境不会一成不变，发展条件不会一成不变，发展理念自然也不会一成不变。"② 世界许多国家都积极创新发展理念，以求以新理念推动经济社会的再度进步，如美国曾提出的"再工业化"、英国提倡的"数字经济"、法国设想的"未来工业"计划等。但从现实的西方国家内部面临的困境来说，这些理念并不能助推经济社会的持续发展，也并未在全球得到理想的推广效果。2015 年 10 月，党的十八届五中全会鲜明地提出了"创新、协调、绿色、开放、共享"的新发展理念。2016 年 1 月，在省部级主要领导干部学习贯彻党的十八届五中

---

① 《高举中国特色社会主义伟大旗帜 为全面建设社会主义现代化国家而团结奋斗——在中国共产党第二十次全国代表大会上的报告》，人民出版社 2022 年版，第 22 页。

② 《习近平谈治国理政》第 2 卷，外文出版社 2017 年版，第 197 页。

全会精神专题研讨班开班式上，习近平总书记对贯彻落实新发展理念作出系统阐释，阐明了许多关键问题。新时代中国特色社会主义现代化建设实践中孕育的新发展理念，以解决世界现代化问题为主要旨归，在发展动力、发展原则、发展目标上，为中国也为世界现代化事业拓展出新的发展思路、发展着力点，必将成为世界现代化发展的新指引。

第一，新发展理念以创新为动力，为世界现代化发展提供新势能。近年来，从全球经济发展趋势不难看出，全球生产模式日趋单一，新的经济增长点仅仅服务于经济数量的增长而非社会的全面进步，久而久之便生发出发展动力不足、国家之间差距拉大、各国在全球分工中的位置相对固化等问题，严重制约了世界现代化发展的速度和效率。我们党深刻认识到发展动力对于现代化长远发展所具有的重要意义，提出了"创新强国"的战略要求，制定了推动国家创新的一系列方针政策。2020年，"嫦娥五号"采集月壤、"奋斗者"号完成万米深潜、量子计算机"九章"研制成功，中国科技创新取得重大进展。在合肥，分辨率只有10纳米、相当于头发丝直径五千分之一的我国首个量子钻石原子力显微镜实现产业化落地。在重庆，政府全新打造的花椒大数据物联网平台，让种植成本降低30%，产量提升10%，农户增收20%。在深圳，平安智慧城市上线的"冷库监管大数据智能分析系统"，使全市6600多家冷库、冻品分布、流向等信息一目了然，实现了进口冷链食品及时风险预警，一键溯源。世界知识产权组织发布的2020全球创新指数报告显示，中国的专利、实用新型、创意产品出口等重要指标均名列前茅。中国作为有担当、勇负责的发展中大国，一直以来为全球创新体系的正确航向贡献力量。2020 年新型冠状病毒肺炎疫情在全球暴发，全球经济发展速度明显减缓，以资本导向、要素驱动的世界经济亟须转型，创新发展则成为持续增长的良方。中国注重发挥创新的动力作用，在自身产业发展和经济结构转型、着力改善民生的同时，始终坚持站在全球的高度推动科技创新，融入世界创新体系之中，让世界共享中国科技创新的丰硕成果，为创新世界现代化发展贡献了中国智慧和中国力量。

第二，新发展理念以协调、绿色、开放为原则，为世界现代化发展提供新思维。坚持以协调发展为原则，不但强调物质文明对于社会需求满足的重要作用，而且注重对人的全面发展的塑造，是要实现物的全面丰富和人的全面发展的统一。此外，"协调既是发展手段又是发展目标，同时还是评价发展的标准和尺度"①。为推动我国协调发展，习近平总书记多次进行深入调研，足迹遍布神州大地。2015 年在浙江调研时，他要求"提高城乡发展一体化水平"②；2016 年在推进"一带一路"建设工作座谈会上，他强调要"树立全国一盘棋思想，加强协调，形成合力"③；2017 年在党的十九大报告中，他提出实施乡村振兴战略和区域协调发展战略；2018 年在深入推动长江经济带发展座谈会上，他要求"做好区域协调发展'一盘棋'这篇大文章"④；2019 年在京津冀协同发展座谈会上，他强调要"构建促进协同发展、高质量发展的制度保障"。目前我国区域发展相对差距逐步缩小。

---

① 《习近平谈治国理政》第 2 卷，外文出版社 2017 年版，第 205 页。

② 《习近平关于社会主义经济建设论述摘编》，中央文献出版社 2017 年版，第 190 页。

③ 《习近平关于社会主义经济建设论述摘编》，中央文献出版社 2017 年版，第 280 页。

④ 习近平：《在深入推动长江经济带发展座谈会上的讲话》，人民出版社 2018 年版，第 20 页。

2020 年，中部和西部地区生产总值分别为 22.2 万亿元、21.3 万亿元，且近年来占全国的比重不断提高。[①] 中西部地区经济增速连续多年高于东部地区，人均地区生产总值与东部地区的差距不断缩小。同时，各地基本公共服务均等化水平不断提高，各地义务教育发展基本均衡，东、中、西部地区九年义务教育师生比基本持平；基本医疗保障实现全覆盖，困难群众医疗费用实际报销比例大幅提升，西部地区基本养老保险参保人数达到 1.66 亿。协调发展为其他国家的现代化发展提供了原则借鉴，使其不走西式现代化物质主义膨胀的发展之路，避开走物欲横流、精神滑坡、社会道德沦丧的歪路，摈弃西式现代化发展带来的片面化与绝对化。

坚持以绿色发展为原则，注重生态环境的保护，打造人类社会可持续发展的现代化道路。在绿色发展原则的指引下，中国式现代化不同于西方以经济理性为原则甘愿放弃自然环境获得社会一时发展的做法，更不会踏上"先污染、后治理"的老路。在党的十九大报告中，党中央强调要"加快生态文明体制改革，建设美丽中国"[②]。当前的现代化发展要牢固树立"绿水青山就是金山银山"的生态观念，强化"保护生态就是保护和发展生产力"的绿色生产理念。据国家生态环境部数据，2021 年 1 月至 11 月，全国 339 个地级及以上城市 PM 2.5 平均浓度为 28 微克/立方米，同比下降 9.7%，我们的天更蓝了；全国 3641 个国家地表水考核断面中，我国水质优良（Ⅰ类—Ⅲ类）断

① 程晖、成静：《落实好区域重大战略和区域协调发展战略　不断增强区域发展的平衡性协调性》，《中国经济导报》2022 年 1 月 6 日。

②《习近平谈治国理政》第 3 卷，外文出版社 2020 年版，第 39 页。

面比例为 83.6%，同比上升 1.7 个百分点，我们的水更清了；深入开展农业农村污染治理攻坚战，继续推进"无废城市"建设，持续推动"白色垃圾"综合治理，净土保卫战取得明显成效，我们的地更净了。同时，在国际生态建设实践中，中国更是始终坚持以身作则，向全世界各国人民作出了达成"双碳"目标的绿色承诺。中国还坚持落实《巴黎协定》，积极参与"2020 年后全球生物多样性框架"的制定。更为直接的是，中国设立昆明生物多样性基金用来支持其他发展中国家生物多样性保护事业，要打造一个人与自然共生的世界。

坚持以开放发展为原则，引领现代化道路朝着既独立自主又共通共荣的方向拓展。中国的现代化是逐步融入世界分工网络的过程，同时也是为世界发展贡献力量的过程。我们要坚定不移发展开放型世界经济，在开放中分享机会和利益，实现互利共赢。如今，21 个自由贸易试验区覆盖东西南北中，海南自由贸易港扬帆起航，开放高地生机盎然；进博会、服贸会、广交会越办越好，唱响全球共同开放和音，开放平台活力迸发；"一带一路"倡议、二十国集团等促成的多边合作体系越发完善。据央视网数据，在 2021 世界航运版图上，新增往返中国的航线超 170 条，其中六成以上往来"一带一路"沿线国家和地区。航线不断织密的背后是我国在全球贸易中的地位不断提升。目前，我国的贸易伙伴遍布全球 230 多个国家和地区，每天进出口贸易额超 1000 亿元人民币。在 2021 世界经济论坛"达沃斯议程"对话会上，习近平总书记强调继续实施互利共赢的开放战略；在博鳌亚洲论坛 2021 年年会开幕式上，习近平总书记倡议构建开放型世界经济；在上海合作组织、金砖、亚太经合组织、二十国集团等重要峰会上，习近平总书记多次表示，中国将坚持对外开放的基本国策，着力推动规则、规制、管理、标准等制度型开放；在第四届进博会开幕式上，习近平总书记强调，开放是当代中国的鲜明标识，并用三个"不会变"再次向世界发出开放最强音。中国将继续推进高水平开放，同世界各国一同享有发展机遇，致力于构建世界经济发展，呈现出更加开放、包容、普惠的美好局面。开放是人类社会繁荣进步的必由之路，在高水平开放的大道上，中国蹄疾步稳，以自身的理念倡导与实际行动向其他国家展示了"相通则共进，相闭则各退"[①] 的深刻道理。这为引导全球更多的国家开放发展、参与建设人类现代化进步事业作出了自身贡献。

第三，新发展理念以共享为导向，为世界现代化发展提供新目标。西式现代化在其开启之时，便以暴力掠夺为手段实现财富原始积累，在此后的发展轨迹上也延续了"弱肉强食"的生存法则，一味追求发达国家狭隘的本国利益观，也因此形成了贫富差距拉大的世界格局。与西方现代化老路不同，中国开启的现代化从未通过殖民掠夺的方式谋求自身发展，始终坚持世界共生共荣。在全球日益融合为命运共同体的当代，中国式现代化更是突破了狭隘的民族主义，提出共享的现代化发展理念，强调"既要让自己过得好，也要让别人过得好"[②]。2022 年伊始，中国在过去一年中外贸额首破 6 万亿美元关口，经济总量同比增长 8.1%，连年对世界经济增长贡献率超过 30%。[③] 肯

---

① 《习近平谈治国理政》第 1 卷，外文出版社 2014 年版，第 337 页。
② 《习近平谈治国理政》第 1 卷，外文出版社 2014 年版，第 315 页。
③ 班威世等：《稳定器　动力源　领头雁——中国持续为全球共克时艰发展繁荣作出重要贡献》，光明网 2022 年 3 月 3 日。

尼亚蒙内铁路、柬埔寨桑河二级水电站、马尔代夫中马友谊大桥，一座座电站桥梁、一条条公路铁路为当地提供了能源和交通基础设施保障；中欧班列打通了贸易物流新通道，中国的对外投资使得希腊比雷埃夫斯港、塞尔维亚斯梅代雷沃钢铁厂等重新焕发生机。共享发展理念凸显了中国式现代化推崇和平、共享与共赢的发展方式。习近平总书记也多次强调"中国将继续奉行互利共赢的开放战略，将自身发展机遇同世界各国分享，欢迎各国搭乘中国发展的'顺风车'"①。

二、 新发展格局： 现代化发展空间的新拓展

在 2020 年 4 月中央财经委员会第七次会议上，习近平同志强调，"国内循环越顺畅，越能形成对全球资源要素的引力场，越有利于构建以国内大循环为主体、国内国际双循环相互促进的新发展格局"②，明确提出了"新发展格局"的概念。这是以习近平同志为核心的党中央根据我国新的发展阶段、环境、条件的变化，特别是基于我国比较优势，审时度势作出的重大决策，是对中国式现代化道路的又一次创新，为世界现代化提供了重要借鉴。

构建新发展格局是新时代中国与世界相互交融的必然产物，是发展中国家在世界大变局下实现现代化的必然选择。纵观世界，"百年未有之大变局"进入加速演变期，新一轮科技革命和产业变革竞争加剧，保护主义、单边主义、霸权主义不断抬头，国际格局发生深刻复

① 《习近平谈治国理政》第 2 卷，外文出版社 2017 年版，第 546 页。
② 习近平：《国家中长期经济社会发展战略若干重大问题》，《求是》2020 年第 21 期。

杂变化。此外，疫情影响深远，对世界经济造成严重冲击，全球产业链与供应链出现本地化、周边化和分散化趋势。这些不稳定因素逐渐聚合，使得世界经济的前景面临着严峻的国际形势考验，一味依靠外向型经济显然难以为继。此外，中美贸易摩擦具有长期性和日益严峻性，美国竭力对中国高科技企业进行打压，试图显著削弱中国在技术进步方面的"后发优势"，并努力将中美技术差距锁定在 10 年、20 年甚至更长时间。全球经济深陷"长期性停滞"格局，中美经济摩擦全方位升级，中国面临的外部环境可谓前所未有的复杂与严峻。在此背景下，我们作出了构建"以国内大循环为主体、国内国际双循环相互促进的新发展格局"的决定。世界上的发展中国家都面临着全球经济深陷"长期性停滞"格局，也都会面临发达国家的"卡脖子"制裁，所以中国走出的这一步为发展中国家实现现代化提供了重要参考。

当然，国内国际双循环的新发展格局要求绝不是要退回到封闭的孤岛，绝不是关起门来搞国内循环，而是顺应经济全球化的历史潮流，结合国内外两个市场的不同优势，让国内循环与国际循环间优势互补、共同进步。同时，和西方发达国家谋求霸权的老路不同，中国更主动地加入国际循环，并非谋求一己私利，而是力求在参与国际合作中，以互利共赢为目标，不断为世界发展作出贡献，实现世界各个参与主体的共同繁荣。正如习近平同志指出的："我国在世界经济中的地位将持续上升，同世界经济的联系会更加紧密，为其他国家提供的市场机会将更加广阔，成为吸引国际商品和要素资源的巨大引力场。"① 随着中国在经济总量与经济质量上不断取得突破，中等收入的群体规模将不断飙升，中国消费将成为拉动国际经济循环的重要引擎。更加开放的中国也会成为吸引国际要素的强力吸铁石，越来越多的国家以各种形式入驻中国，中国将不吝与世界各国分享自身经济发展的红利。总之，新发展格局将推动构建更公平、更持续的分工贸易循环。这不仅推动我国自身建成更加独立自主的大国经济体，还重塑了我国国际合作的大国优势，表明了中国为世界谋大同绝不是一句空口白话，而是真真实实的、可落地实践的战略目标。

随着新发展格局在全球布展开来，国内"内循环"将推动国际"外循环"，而国际"外循环"也将引领国内"内循环"，形成内外相互联动的健康循环发展格局。我们将推动中国发展给世界创造更多机遇，为世界其他国家释放产能，为全球经济激发活力，使新发展格局的世界意义不断凸显。在金砖国家领导人第十二次会晤、亚太经合组织第二十七次领导人非正式会议、二十国集团领导人第十五次峰会等一系列重要国际会议上，习近平总书记全面阐释中国新发展格局的深刻内涵，持续宣示坚持开放合作的原则立场，向世界展现经济、政治、文化、生态等各方面的"中国机遇"。

中国现代化既强调国内经济循环的重要作用，也强调参与国际经济合作，使得"双循环"的车轮能够协调滚动。新发展格局不仅要实现中国现代化格局的扩展，更要主动让世界其他国家尤其是发展中国家搭乘中国发展"顺风车"，一同享有中国发展的红利。中国将持续不断地以自身力量拓宽世界现代化发展格局，与国际社会

---

① 习近平：《在经济社会领域专家座谈会上的讲话》，人民出版社 2020 年版，第 5—6 页。

实现合作共赢。

三、 中国梦： 现代化发展目标的新样板

梦想，一个多么激动人心、令人心驰神往的字眼。每个人都有自己的梦想，每个民族也都有自己的梦想。在世界历史上，无论苦难、屠杀，还是战争、强权，都不能剥夺人类对梦想的憧憬。2012 年 11 月 29 日，习近平总书记在参观《复兴之路》展览时指出："每个人都有理想和追求，都有自己的梦想。现在，大家都在讨论中国梦，我以为，实现中华民族伟大复兴，就是中华民族近代以来最伟大的梦想。这个梦想，凝聚了几代中国人的夙愿，体现了中华民族和中国人民的整体利益，是每一个中华儿女的共同期盼。"[①] 这就旗帜鲜明地将中国梦作为我们建设社会主义现代化强国的目标愿景，为中国的现代化指明了方向，为世界的现代化道路提供了发展目标的新样板。中国梦集中涵盖了中国现代化发展的基本愿景、核心理念与独特思想逻辑，深刻地体现了现代化就是要实现人民的梦、世界的梦，反映和呈现了中国现代化的全貌。

中国梦是人民的梦，它为国家现代化注入了新的价值目标。现代化不是西式的单纯物化进步。习近平总书记多次鲜明地表达，中国梦就是人民的梦。2015 年，习近平主席抵达美国华盛顿州最大城市西雅图，开始对美国进行国事访问。9 月 22 日傍晚，西雅图华灯初上，欢迎习近平主席访问西雅图的晚宴正隆重举行。站在宴会讲台前，习近

---

① 《习近平谈治国理政》第 1 卷，外文出版社 2014 年版，第 36 页。

平主席神采奕奕、满怀深情地向台下的宾客讲述起那个令他难以忘怀的地方："上世纪 60 年代末，我才十几岁，就从北京到中国陕西省延安市一个叫梁家河的小村庄插队当农民，在那儿度过了 7 年时光。那时候，我和乡亲们都住在土窑里、睡在土炕上，乡亲们生活十分贫困，经常是几个月吃不到一块肉。我了解乡亲们最需要什么！后来，我当了这个村子的党支部书记，带领乡亲们发展生产。我了解老百姓需要什么。我很期盼的一件事，就是让乡亲们饱餐一顿肉，并且经常吃上肉。但是，这个心愿在当时是很难实现的。今年春节，我回到这个小村子。梁家河修起了柏油路，乡亲们住上了砖瓦房，用上了互联网，老人们享有基本养老，村民们有医疗保险，孩子们可以接受良好教育，当然吃肉已经不成问题。这使我更加深刻地认识到，中国梦是人民的梦，必须同中国人民对美好生活的向往结合起来才能取得成功。"[1]

中国梦与世界梦也是共通的，它为世界现代化注入共赢原则。现代化不是零和博弈。星巴克董事会名誉主席霍华德·舒尔茨是习近平主席访问西雅图的晚宴上的听众，习近平主席的深情讲述，使"梁家河"这个此前从未听说过的地名，在他的心中留下了深刻印象。2020年，舒尔茨致函习近平主席道："时至今日，我仍记得您那天分享的关于梁家河的故事。……在您的领导下，中国于 2020 年实现了全面建成小康社会的宏伟目标。我对中国人民和中国文化充满敬意。中国梦所蕴含的'对美好生活的向往'让我联想到美国梦。"梁家河的故事，让舒尔茨对中国梦和美国梦的共通之处有了更深的理解。2021

---

[1]《习近平谈治国理政》第 2 卷，外文出版社 2017 年版，第 29—30 页。

年，习近平在复信中强调，在中国共产党领导下，14 亿中国人民为全面建成小康社会、建设社会主义现代化进行长期艰苦努力。中国开启全面建设社会主义现代化国家新征程，将为包括星巴克等美国企业在内的世界各国企业在华发展提供更加广阔的空间。希望星巴克公司为推动中美经贸合作和两国关系发展作出积极努力。可见，对美好梦想的追求不分国家与民族，总是能够得到发自内心的共鸣。中国梦是和平、发展、合作、共赢的梦，与世界各国人民的美好梦想息息相通。

第二节　21 世纪马克思主义：
对科学社会主义的守正创新

中国共产党人胸怀天下不仅表现为在对"中华民族向何处去"的回答中开辟了发展中国家现代化的新道路，还表现为在对"社会主义向何处去"的回答中推动了 21 世纪马克思主义的创新，为全球发展提供了思想指引。党的二十大指出："马克思主义是我们立党立国、兴党兴国的根本指导思想。实践告诉我们，中国共产党为什么能，中国特色社会主义为什么好，归根到底是马克思主义行，是中国化时代化的马克思主义行。"① 马克思、恩格斯发表了《共产党宣言》，把社会主义思想从空想发展到科学，创立了科学社会主义理论。列宁和斯

---

① 《高举中国特色社会主义伟大旗帜　为全面建设社会主义现代化国家而团结奋斗——在中国共产党第二十次全国代表大会上的报告》，人民出版社 2022 年版，第 16 页。

大林在领导十月革命和苏联社会主义建设的过程中，创立了一国胜利论、帝国主义论、苏联社会主义建设理论等科学社会主义理论的创新成果。以毛泽东、邓小平、江泽民、胡锦涛为主要代表的中国共产党人在领导中国社会主义革命、建设和改革的过程中，深入探索经济文化相对落后国家如何建设和发展社会主义的问题，探索、创立和不断发展中国特色社会主义理论。在新时代，习近平同志以马克思主义政治家、思想家、战略家的非凡理论勇气、卓越政治智慧、强烈使命担当，全面系统地回答了新时代坚持和发展什么样的中国特色社会主义、怎样坚持和发展中国特色社会主义这个重大时代课题，创立了习近平新时代中国特色社会主义思想，开辟了马克思主义基本原理同新时代中国具体实际相结合的新境界。习近平新时代中国特色社会主义思想是当代中国的马克思主义，是 21 世纪的马克思主义，是中国共产党在新的历史起点上对马克思主义的丰富和发展，使科学社会主义大旗迎展在 21 世纪，为人类社会历史的发展提供思想武器，体现了中国共产党胸怀天下的价值情怀。

一、 以新视野观察马克思主义在 21 世纪的发展

每个时代都有属于它自己的问题。正如马克思所言，"一个时代的迫切问题，有着和任何在内容上有根据的因而也是合理的问题共同的命运：主要的困难不是答案，而是问题……问题是时代的格言，是表现时代自己内心状态的最实际的呼声"[①]。历史进入 21 世纪以来，

---

① 《马克思恩格斯全集》第 1 卷，人民出版社 1995 年版，第 203 页。

时代变化和实践发展向马克思主义提出了许多重大而紧迫的理论和实际问题。世界正在经历百年未有之大变局，国际政治局势日益复杂，全球经济发展面临减速停滞危机，人类文明发展遭遇多重考验，不确定不稳定因素剧增。这些问题，为马克思主义在 21 世纪的创新发展带来了诸多挑战。以习近平同志为核心的党中央肩负着"回答时代课题、引领时代潮流"的历史使命，他们结合中国特色社会主义进入新时代的历史方位，科学定位与把握了马克思主义在 21 世纪发展的大背景、新方向，这是发展 21 世纪马克思主义的首要前提。

要在 21 世纪创新发展马克思主义，必须准确把握当前复杂多变的世界局势。习近平总书记站在全球发展的历史高度，提出"当前，我国处于近代以来最好的发展时期，世界处于百年未有之大变局"①的重要论断，深刻揭示了当前我国所处的时代背景和历史方位，为我们观察 21 世纪马克思主义的发展提供了新的世界视角。20 世纪世界风云激荡，两次世界大战重构世界格局，西方资本主义历经危机和发展，世界社会主义走过高潮和低谷，中华民族由近代不断衰落到根本扭转命运、持续走向繁荣富强。21 世纪的今天，世界又迎来大发展大变革大调整的时期。正如习近平总书记所言："放眼世界，我们面对的是百年未有之大变局。新世纪以来一大批新兴市场国家和发展中国家快速发展，世界多极化加速发展，国际格局日趋均衡，国际潮流大势不可逆转。"② 世界经济版图发生的深刻变化前所未有，发达国家和发展中国家在国际分工体系中的地位角色发生重大转变，发达国家经

①《习近平谈治国理政》第 3 卷，外文出版社 2020 年版，第 428 页。
②《习近平谈治国理政》第 3 卷，外文出版社 2020 年版，第 421 页。

济增长乏力，新兴经济体和发展中国家在世界经济中占据越来越大的份额，世界经济重心加快"自西向东"位移。国际力量对比发生的革命性变化前所未有，发达国家内部矛盾重重、实力相对下降，一大批发展中国家群体性崛起，成为影响国际政治经济格局的重要力量。面对国际局势变化，以习近平同志为主要代表的中国共产党人在对世界格局进行深入思考的基础上，集中回答了21世纪"建设一个什么样的世界、如何建设这个世界"这一关乎人类前途命运的重大时代课题，这是在破解21世纪人类所面临的问题挑战中对马克思主义的创造性运用与创新性发展。

要在21世纪创新发展马克思主义，还必须立足中国实际，特别是科学把握中国与世界的关系。进入新时代，中国自身也发生了巨大的变化。一方面，在国内经过百年艰苦卓绝的奋斗，我们党带领中国人民迎来了从站起来、富起来到强起来的伟大飞跃。随着2020年全面脱贫攻坚任务的完成，我国开启了全面建设社会主义现代化国家的新征程。但此时我国的基本国情依旧没有改变，社会主义发展的实践中依旧存在各类问题，实现中华民族伟大复兴的历史重任仍然艰巨。另一方面，在国际上，中国与世界的关系已经发生了历史性变化。在今天，中国的发展和世界的发展紧密相连，中国逐渐从世界舞台的边缘走向中心，需要当然也愿意承担更多的国际责任。由上可知，中国国内自身的发展变化体现了中国通过艰苦卓绝的奋斗取得了阶段性的历史成绩，即将展开新阶段的历史征程，但同时新征程的发展中仍有诸多结构性问题需要解决；中国与世界的紧密联系体现了中国作为最大的社会主义国家，要主动承担起"凝练中国经验，创新理论形态"

的历史重任，凸显中国化马克思主义理论成果及其世界历史意义。马克思主义理论的精神实质就在于其与时俱进的理论品格，这是马克思主义之所以具有强大生命力的真正源泉。中国问题及世界责任都决定了新时代中国共产党人必须在 21 世纪创新发展马克思主义，以应对和回答时代之问、人类之问。正如习近平总书记指出，"我们要坚持用马克思主义观察时代、解读时代、引领时代，用鲜活丰富的当代中国实践来推动马克思主义发展……不断开辟当代中国马克思主义、21世纪马克思主义新境界"①。

二、　以新实践丰富马克思主义世界观

恩格斯曾经说过："马克思的整个世界观不是教义，而是方法。它提供的不是现成的教条，而是进一步研究的出发点和供这种研究使用的方法。"② 习近平总书记在科学把握世界局势与中国方位的基础上，对马克思主义的辩证唯物主义与历史唯物主义世界观进行了丰富发展，以此深刻回答中国与世界发展中的时代课题，在实践中将马克思主义世界观发展到了新高度，为发展中国家现代化及国际局势走向提供指引。

2015 年，中共中央政治局就辩证唯物主义基本原理进行第二十次集体学习。中共中央总书记习近平在主持学习时强调，辩证唯物主义是中国共产党人的世界观和方法论，我们党要团结带领人民协调推进

---

① 《习近平谈治国理政》第 3 卷，外文出版社 2020 年版，第 76 页。
② 《马克思恩格斯全集》第 39 卷，人民出版社 1974 年版，第 406 页。

全面建成小康社会、全面深化改革、全面依法治国、全面从严治党，实现"两个一百年"奋斗目标、实现中华民族伟大复兴的中国梦，必须不断接受马克思主义哲学智慧的滋养，更加自觉地坚持和运用辩证唯物主义世界观和方法论，增强辩证思维、战略思维能力，努力提高解决我国改革发展基本问题的本领。以习近平同志为核心的党中央在新时代治国理政的实践中，不断坚持和发展辩证唯物主义的世界观。

其一，坚持世界统一于物质、物质决定意识的原理，一切从实际出发制定政策、解决问题。在 2021 年秋季学期中央党校（国家行政学院）中青年干部培训班开班式上，习近平总书记对年轻干部练好内功、提升修养提出明确要求，其中一个重要方面是"注重实际、实事求是"。习近平总书记指出："坚持一切从实际出发，是我们想问题、作决策、办事情的出发点和落脚点。"① 学习掌握世界统一于物质、物质决定意识的原理，坚持从客观实际出发制定政策、推动工作，是以习近平同志为主要代表的中国共产党人的一贯坚持。从主政地方开始，习近平同志就深入实际。在浙江时，他提出的"八八战略"，是浙江发展的总纲，是浙江发展的顶层设计和系统谋划。"八八战略"的提出和落实，每一步都离不开调查研究。2002 年 10 月，习近平同志一到浙江工作，就马上深入各市区县的机关、企业、农村、海岛、社区等，开展调查研究。他一边看，一边听，一边想，一边谈，问计于基层，问计于群众，把浙江发展的优势和短板都摸清楚了，逐渐形成新的发展思路和举措。今天在治国理政的实践中同样如此，不论是

---

① 《信念坚定对党忠诚实事求是担当作为　努力成为可堪大用能担重任的栋梁之才》，《人民日报》2021 年 9 月 2 日。

国内关乎国计民生的制度，还是国际事务、国际关系的决策，都是充分基于时代背景、中国实际而制定出的。

其二，把握矛盾运动基本原理，强化问题意识，不断化解发展过程中的矛盾。党的十八大以来，以习近平同志为核心的党中央根据改革领域不断拓展、改革层次不断加深、改革难度不断加大的新的改革形势，推动重大改革方案不断出台，解决了许多长期想解决而没有解决的难题，办成了许多过去想办而没有办成的大事。习近平在深化改革上提出了关于改革的两个"一公里"论。改革的"集合号已经吹响"，如何从"最先一公里"尽快到达"最后一公里"，是必须思考的问题。改革的"最先一公里"是指改革的顶层设计，其重点是改革方案的设计，要解决改革蓝图的质量问题。改革首先要回答破什么题的问题，这是改革的起点。习近平总书记强调，只有"突出重点，对准焦距，找准穴位，击中要害"，才能"推出一批能叫得响、立得住、群众认可的硬招实招"①。改革的"最后一公里"也与问题意识息息相关，它是改革方案的执行落地环节，要切实化解改革中的现实矛盾。在主持中央全面深化改革领导小组第十五次会议时，习近平总书记强调："要坚定不移抓好落实，不打折扣，不能遇到矛盾和问题就绕着走、遇到困难就打退堂鼓。对改革遇到的新情况新问题，要及时研究、提出对策、积极化解。"② 改革的两个"一公里"论充分体现出以习近平同志为核心的党中央抓住了马克思主义的矛盾观点，正视问题、重视问题，不断在实践中化解问题。

---

① 《习近平谈治国理政》第 2 卷，外文出版社 2017 年版，第 102 页。
② 《增强改革定力　保持改革韧劲　扎扎实实把改革举措落到实处》，《人民日报》2015 年 8 月 19 日。

其三，坚持实践第一的观点，不断推进实践基础上的理论创新。2015 年 1 月，习近平总书记在十八届中央政治局第二十次集体学习时提出："要学习掌握认识和实践辩证关系的原理，坚持实践第一的观点，不断推进实践基础上的理论创新。"① 实践观点是马克思主义哲学的核心观点，新时代的新形势和新任务要求我们基于实践发展，加强党的理论建设，切实做到"理论创新每前进一步，理论武装就要跟进一步"②，实现理论自觉和实践自觉的统一。在改革开放和社会主义现代化建设新时期，邓小平同志强调："把马克思主义的普遍真理同我国的具体实际结合起来，走自己的道路，建设有中国特色的社会主义……"③ 这推动了理论创新与国情契合，是在马克思主义基本原理同中国具体实际的结合中推进党的理论创新。进入新时代，习近平总书记坚持将马克思主义基本原理同中国具体实际相结合、同中华优秀传统文化相结合，实现了党的"结合理论"从"一个结合"到"两个结合"的历史性转变。新时代"两个结合"的理论体现了习近平总书记不断将中国的国情、民族的精神、时代的变化与马克思主义理论融会贯通，及时回答时代之问、人民之问，是在实践基础上推进马克思主义中国、时代化的重大理论创新。

同样，对于历史唯物主义世界观，习近平总书记也非常重视。中共中央政治局 2013 年就历史唯物主义基本原理和方法论进行第十一次集体学习。中共中央总书记习近平在主持学习时强调，"推动全党

---

①《坚持运用辩证唯物主义世界观方法论 提高解决我国改革发展基本问题本领》，《人民日报》2015 年 1 月 25 日。

②《习近平谈治国理政》第 3 卷，外文出版社 2020 年版，第 540 页。

③《邓小平文选》第 3 卷，人民出版社 1993 年版，第 3 页。

学习历史唯物主义基本原理和方法论，更好认识国情，更好认识党和国家事业发展大势，更好认识历史发展规律，更加能动地推进各项工作"①。

其一，把握物质生产是社会生活基础的观点，不断解放和发展社会生产力。生产力是推动社会进步最活跃、最革命的要素，社会主义的根本任务是解放和发展社会生产力。党的十八大以来，中国经济由高速增长阶段转向高质量发展阶段。面对转型升级的严峻挑战，以习近平同志为核心的党中央审时度势，提出了实施创新驱动发展战略的重大部署，提出要坚持走中国特色自主创新道路，以全球视野谋划和推动创新，以科技创新为生产力发展扫清障碍、创造条件，推动生产力发展进入新时代。在谋划"十四五"时期经济社会发展的过程中，习近平总书记进行了 4 次地方考察调研，并多次强调创新的重要性。在吉林，习近平总书记走进玉米地，强调要加强农业与科技融合，加强农业科技创新。在安徽，习近平总书记对当地推进科技创新和发展战略性新兴产业取得积极进展表示肯定，要求进一步夯实创新的基础，加快科技成果转化，加快培育新兴产业。在湖南，习近平总书记强调我国发展仍然处于重要战略机遇期，要围绕产业链部署创新链、围绕创新链布局产业链，强化企业技术创新主体地位，完善成果转化和激励机制，提升自主创新能力。在广东，习近平总书记指出自主创新是增强企业核心竞争力、实现企业高质量发展的必由之路，勉励企业在自主研发上加倍努力。习近平总书记在调研中多次强调在他的执

① 习近平：《推动全党学习和掌握历史唯物主义　更好认识规律更加能动地推进工作》，《人民日报》2013 年 12 月 5 日。

政思路中，"创新"始终占据重要位置，必须以科技创新来提高社会生产力和综合国力，为国家发展提供物质支撑。

其二，掌握社会基本矛盾分析法，推动社会主义改革全面深化。改革开放的实践和伟大成就启示我们，改革是解放和发展社会生产力的关键，是推动国家发展的根本动力。2012 年 12 月，担任中共中央总书记的习近平第一次赴地方考察调研就选在了改革开放前沿广东，他发出了"将改革开放继续推向前进"的动员令，开启了新时代中国改革的序幕。2013 年，党的十八届三中全会通过的《中共中央关于全面深化改革若干重大问题的决定》，对全面深化改革作出顶层设计和全面部署，首次提出了全面深化改革的总目标——完善和发展中国特色社会主义制度，推进国家治理体系和治理能力现代化，并对经济体制、政治体制、文化体制、社会体制、生态文明体制、国防和军队改革、党的建设制度改革作出部署。从"改革开放的窗口和试验田"广东深圳到农村改革发源地安徽小岗村，从对外开放新高地海南到社会主义现代化建设引领区上海浦东……习近平总书记在一次次深入基层的考察调研中，不断谋划改革全局、推动改革实践，以宏大的历史视野、强烈的使命担当，为各领域改革中具有方向性、全局性、战略性的重大问题把脉定向。实践证明，只有把社会基本矛盾作为一个整体来观察，才能全面把握整个社会的基本面貌和发展方向。全面深化改革，就是要通过适应我国社会基本矛盾运动的变化来推进社会发展。社会基本矛盾总是不断发展的，所以调整生产关系、完善上层建筑需要相应地不断进行下去。改革开放只有进行时、没有完成时，这符合社会基本矛盾的运动规律。

其三，坚持人民群众是历史创造者的观点，贯彻以人民为中心的价值立场。2013 年 3 月，习近平总书记在第十二届全国人大一次会议上，明确要求全体共产党员特别是党的领导干部，要始终把人民放在心中最高的位置，矢志不渝地为党和人民事业奋斗。他指出，要学习和掌握人民群众是历史创造者的观点，紧紧依靠人民推进改革。要坚持把实现好、维护好、发展好最广大人民根本利益作为推进改革的出发点和落脚点，让发展成果更多更公平惠及全体人民。习近平总书记高度重视"群众路线"这条党的"生命线"，在几十年的工作岁月里，他始终践行"以人民为中心"的宗旨，时常出现在田间地头，深入群众，了解民声，与百姓促膝长谈、与群众同甘共苦、与人民群众保持着密切联系。每年岁末，习近平总书记都会冒着严寒来到贫困地区看望困难群众，并仔细询问他们日子过得怎么样、冬天用什么取暖、每个月的电费要多少、年货备齐没有，并同老乡们一起包饺子、聊家常。他强调，"对困难群众要格外关注、格外关爱、格外关心"①。广大党员干部只有真心实意为群众谋福利，与群众同甘苦，放下架子，从思想和情感深处与群众打成一片、融为一体，在与群众的近距离接触中增进感情，才能真正赢得群众的尊重和信赖。

三、 以新思维发展马克思主义方法论

习近平总书记指出："马克思主义理论的科学性和革命性源于辩证唯物主义和历史唯物主义的科学世界观和方法论，为我们认识世

---

① 《十八大以来重要文献选编》（下），中央文献出版社 2018 年版，第 744 页。

界、改造世界提供了强大思想武器，为世界社会主义指明了正确前进方向。"① 马克思主义的世界观与方法论是不可分的，世界观为我们提供了认识世界、把握世界的基本观点，方法论为我们提供了分析问题、解决问题的根本思路、方法。以习近平同志为核心的党中央不仅在新的实践中不断丰富马克思主义世界观，还以新的思维发展马克思主义方法论。习近平总书记反复强调，要坚持唯物辩证的理论思维，即战略思维、历史思维、辩证思维、创新思维、底线思维。这不仅是对马克思主义方法论的活学活用，还是在新的时代条件下，在解决中国实际问题的过程中，对马克思主义方法论的丰富和发展。在新的历史实践中，发展了的马克思主义世界观方法论指引着发展中国家的现代化道路，指引着世界和平发展的新格局形成，是中国共产党人在新时代对天下的贡献。

其一，为设计发展的整体布局提供了高瞻远瞩的战略思维。早在2003 年，习近平同志就发表文章指出，"要有世界眼光和战略思维""要努力增强总揽全局的能力，放眼全局谋一域，把握形势谋大事"②。2014 年 8 月，习近平同志在纪念邓小平同志诞辰 110 周年座谈会上深刻指出："战略问题是一个政党、一个国家的根本性问题。战略上判断得准确，战略上谋划得科学，战略上赢得主动，党和人民事业就大有希望。"③ 习近平同志将战略思维运用到社会主义的实践中，具体表现为对内构建战略布局，对外推动战略对接。在国内，2012 年

---

① 习近平：《学习马克思主义基本理论是共产党人的必修课》，《求是》2019 年 11 月 15 日。
② 习近平：《之江新语》，浙江人民出版社 2007 年版，第 20 页。
③《习近平谈治国理政》第 2 卷，外文出版社 2017 年版，第 10 页。

11月29日，习近平同志来到国家博物馆参观《复兴之路》展览，他向世界描绘了一幅中华民族伟大复兴的图景——中国梦，并提出了详细的"两个一百年"奋斗目标。为实现这个奋斗目标，中国立足实际，坚持问题导向，形成了"五位一体"总体布局和"四个全面"战略布局。在国际上，由习近平同志提出的"一带一路"倡议连接了东西方国家，得到100多个国家和国际组织的支持，并与欧亚经济联盟、哈萨克斯坦等组织和国家的战略规划形成对接；致力于构建以合作共赢为核心的新型国际关系，实现中国梦与拉美梦、亚太梦、世界梦的共振，其人类命运共同体的理念得到越来越多的认同。

其二，为预测发展的未来趋势提供了以史为鉴的历史思维。党的十八大以来，习近平总书记高度重视对历史的研究学习与历史思维的培养。他指出："一个民族、一个国家，必须知道自己是谁，是从哪里来的，要到哪里去……"[1] 运用历史思维，就要明了历史的大逻辑、发展的大潮流。习近平总书记在研究中国历史时，时常将其放在世界历史进程中进行思考；他高度重视世界战争对国家发展的启示，举办了一系列重大历史事件的纪念活动。2020年9月3日，在纪念中国人民抗日战争暨世界反法西斯战争胜利75周年座谈会上，习近平总书记高度赞扬了中国人民在抗日战争的壮阔进程中孕育出的伟大抗战精神，号召世界各国要以史为鉴、面向未来，共同珍爱和平、维护和平，继续维护中日两国人民的世代友谊，让世界各国人民永享和平安宁。2020年10月23日，在纪念中国人民志愿军抗美援朝出国作战70周年大会上，习近平总书记强调了伟大的抗美援朝战争对维护亚洲和

---

[1]《习近平关于社会主义文化建设论述摘编》，中央文献出版社2017年版，第117页。

世界和平的世界意义和对捍卫新中国安全的中国意义。他总结道："只有既从现实又从历史两个方面更好地了解外部世界，才能把我们的各项工作包括对外工作做得更好。"① 观察和认识中国，历史和现实都要看，内部和外部也都要看，这是习近平历史思维的重要特点。

其三，为解决发展中的实际问题提供了科学实用的辩证思维。习近平总书记在十八届中央政治局第二十次集体学习时指出，"辩证唯物主义是中国共产党人的世界观和方法论"，我们要运用它处理好社会发展过程中的重要矛盾。习近平总书记提出的"绿水青山就是金山银山"理念就是运用辩证思维解决矛盾冲突的典例。早在浙江主政时期，他就尤其重视辩证地处理经济效益和生态环保之间的关系。一方面，他十分重视农业的基础地位。2003 年春耕开始的时候，习近平同志就专门指定林业厅厅长、水利厅厅长陪他一起，到余杭走村入户，调研春耕备耕工作。这体现了他在陕北插队的七年知青生活经历丰富了他在农业生产上的经验，提高了他对农业发展的重视程度。另一方面，习近平同志还注重可持续发展，注重农业生产与生态保护相结合。2005 年 8 月 15 日，习近平同志在安吉考察时首次提出"绿水青山就是金山银山"的科学论断，之后他又多次强调要处理好代际公平与代内公平的辩证统一。在发展和减贫过程中，他强调特别要注重处理好人与自然和谐共生的问题，倡导推动实施具有可持续减贫和可持续发展效果的新发展模式。留住了绿水青山就是留住了生存的本钱，这一可持续发展理念是对辩证思维的发展观的坚持和创新；生态问题关系经济、社会发展的方方面面，解决生态问题就是对辩证思维的联

① 习近平：《领导干部要读点历史》，《中共党史研究》2011 年第 10 期，第 10 页。

系观的坚持和发展；贫困群体大多分布在老少边穷地区、生态脆弱地区，如何摆脱贫困、实现小康仍然是亟待解决的问题。强化生态治理，重点解决脱贫过程中的生态矛盾，是对辩证思维的矛盾观的坚持和发展。

其四，为促进发展的持续提供了与时俱进的创新思维。党的十八大以来，习近平总书记高度重视创新精神，发表了一系列关于创新的重要论述，他强调："要坚持创新在现代化建设全局中的核心地位，把创新作为一项国策，积极鼓励支持创新。"① 他尤其重视科技创新的重要性，在每年的全国科技创新大会、两院院士大会、中国科协全国代表大会上，都一再强调要把握世界新一轮科技革命和产业变革大势，紧扣重要战略机遇新内涵，深入实施创新驱动发展战略，加快创新型国家和世界科技强国建设，不断增强经济创新力和竞争力。在国家科学技术奖励大会上，习近平总书记为最高奖获得者颁发奖章、证书，同他们热情握手表示祝贺，并请他们到主席台就座。国务院批复自 2017 年起将每年 5 月 30 日设立为"全国科技工作者日"，以纪念习近平总书记 2016 年"科技三会"上的讲话。在 2020 年的全国科技工作者日上，国家对 30 名在疫情防控和脱贫攻坚中作出突出贡献的科技工作者给予表彰。这些举措都表现了党中央高度重视改革和完善创新人才发展机制，以及创新精神在社会发展中的重要作用。

其五，为防范发展的风险提供了防患未然的底线思维。党的十八大以来，习近平总书记多次强调在各项工作中要坚持底线思维，增强

---

① 《在服务和融入新发展格局上展现更大作为　奋力谱写全面建设社会主义现代化国家福建篇章》，《人民日报》2021 年 3 月 26 日。

忧患意识。他指出，共产党人的忧患意识，就是忧党、忧国、忧民意识，是一种责任担当。要深刻认识党面临的执政考验、市场经济考验、外部环境考验的长期性和复杂性，深刻认识增强自我净化、自我完善、自我革新、自我提高能力的重要性和紧迫性，坚持底线思维，做到居安思危。在分析经济形势时，他强调要增强忧患意识，未雨绸缪，精准研判、妥善应对经济领域可能出现的重大风险；在谈到科技领域安全时，他指出要解决资源配置重复、科研力量分散、创新主体功能定位不清晰等突出问题，加快补短板；在分析我国外部环境时，他指出要既聚焦重点又统揽全局，有效防范各类风险连锁联动；在谈到全面从严治党时，他指出要深刻认识党面临的精神懈怠、能力不足、脱离群众、消极腐败的危险，增强党的自我净化能力。特别是在2020 年面对突如其来的新冠肺炎在世界范围内暴发，习近平总书记强调要增强重大公共卫生风险防范意识。他指出："疫情防控不只是医药卫生问题，而是全方位的工作，是总体战，各项工作都要为打赢疫情防控阻击战提供支持。"[①] 疫情初期，许多国家都曾犹豫要不要采取断然地强迫民众戴口罩和隔离措施，只有中国凭借 2003 年防治"非典"流行的经验，迅速采取了"封城"措施，中止了病毒的传播，为中国取得抗疫成功争取到了宝贵的时间。防控工作取得的世界性成就，无不体现了中国政府到位的防控措施和决策者、执行者的底线思维。

---

① 习近平：《在中央政治局常委会会议研究应对新型冠状病毒肺炎疫情工作时的讲话》，《求是》2020 年第 4 期。

第三节　人类命运共同体：
对国际格局的战略重塑

党的二十大指出："当前，世界之变、时代之变、历史之变正以前所未有的方式展开。一方面，和平、发展、合作、共赢的历史潮流不可阻挡，人心所向、大势所趋决定了人类前途终归光明。另一方面，恃强凌弱、巧取豪夺、零和博弈等霸权霸道霸凌行径危害深重，和平赤字、发展赤字、安全赤字、治理赤字加重，人类社会面临前所未有的挑战。世界又一次站在历史的十字路口，何去何从取决于各国人民的抉择。中国始终坚持维护世界和平、促进共同发展的外交政策宗旨，致力于推动构建人类命运共同体。"[1] 构建人类命运共同体是以习近平同志为主要代表的中国共产党人，从人类发展大潮流、世界变化大格局、中国发展大历史出发，积极应对百年未有之大变局而提出来的创造性理念。这一理念在继"中华民族向何处去""社会主义向何处去"后，深刻回答了"世界向何处去"与"人类向何处去"的时代之问，彰显了中国外交致力于世界和平发展、促进人类共同进步的坚定信念，是新时代中国共产党人胸怀天下的重要体现之一。

---

[1]《高举中国特色社会主义伟大旗帜　为全面建设社会主义现代化国家而团结奋斗——在中国共产党第二十次全国代表大会上的报告》，人民出版社 2022 年版，第 60 页。

一、 打破零和博弈的国际旧格局

当今世界正处在大变革大调整之中，世界多极化不可逆转，经济全球化深入发展，全球和区域合作方兴未艾，世界各国间的关系走向了新的阶段，人类发展也进入新征程。然而，世界各国发展历史和发展现实的差异，导致国际关系仍然紧张，人类发展与世界前途依然扑朔迷离。2021 年，习近平总书记在世界经济论坛"达沃斯议程"对话会上发表《让多边主义的火炬照亮人类前行之路》的特别致辞。习近平总书记强调，解决好这个时代面临的课题，出路是维护和践行多边主义，推动构建人类命运共同体。21 世纪的多边主义要守正出新、面向未来，既要坚持多边主义的核心价值和基本原则，也要立足世界格局变化，着眼应对全球性挑战。要坚持开放包容，坚持以国际法则为基础，坚持协商合作，坚持与时俱进。中国将继续积极参与国际抗疫合作，实施互利共赢的开放战略，促进可持续发展，推进科技创新，推动构建新型国际关系，向着构建人类命运共同体不断迈进！

冷战结束以后，伴随着欧洲经济一体化和中国的崛起，世界政治格局事实上形成了美国主导、多极参与合作的格局。进入 21 世纪，国际政治仍是呈多极化布局，美国、欧盟、中国、日本、俄罗斯等主要经济体相互制衡的局面并未发生实质性变化。但由于世界经济发展乏力，全球化开始衰退，各国的民粹主义纷纷抬头，多极合作的全球开放趋势遭受挫折。尤其是在美国总统特朗普上台以后，其极力奉行孤立主义和单边主义，在国际政治经济中开展"美国至上"和"胡萝卜加大棒"政策，极度危害了国际政治经济正常发展格局。其后的拜登政府虽然宣称与特朗普政府的单边主义决裂，实行"拜登式多边主义外交"，但现实却是，拜登政府也正在走一条"换汤不换药"的单边主义老路，最好的例证就是拜登政府在中美贸易摩擦中的行径。拜登就职第一天，美国就对中国企业的特定电连接器、保持架及其组件和下游产品发起337调查。除此之外，拜登政府的贸易代表人选戴琦也把矛头对准中国，她认为特朗普对华关税政策仅具"防御性"，不具有攻击性，应实施"攻守兼备"的政策，联合美国盟友组团针对中国。这些行径说明拜登政府的对外政策是升级或变异版的特朗普单边主义。

同样，在全球治理上，美国的霸权主义也从未停止过。近年来，美国遵循适者生存的理念并通过霸权实现国际治理的方式层出不穷：对一些国家极限施压，造成地区局势紧张；频繁违约、"退群"，拒绝履行作为大国应有的责任，增加了解决全球性问题的难度；推崇"美国第一"，修建美墨边境墙，颁布"限穆令"；大力推行同盟政策，构建同盟体系等。美国这一系列非常规的国际治理行为，让本就动荡的国际秩序雪上加霜，成为国际体系中的不稳定因素。在霸权主义的笼罩下，当前的国际格局与治理体系显然无法反映国际政治经济发展的现实。在全球经济治理体系的架构中，新兴市场国家与发展中国家的代表性与发言权与它们对世界经济增长所作出的贡献率明显不匹配。以国际货币基金组织的投票权为例，美国占有16.52％的投票权，但在重大事项决议中拥有一票否决权；其他发达国家，如日本、德国、英国、法国的投票权分别为6.15％、5.32％、4.03％、4.03％；作为新兴经济体代表的中国的投票权也仅为 6.09%。①

　　总之，西方资本主义国家主导下的国际关系遵循的是霸权逻辑、丛林法则，是建立在世界各国对立性的基础上，建立在一些人对另一些人的压迫之上的。事实上，肆意破坏国际规则，其目的是获取世界霸权，为资本主义"永续发展"服务。但是，西方资本主义国家没有看到的是，随着世界多极化、经济全球化深入发展，全球和区域合作是不可逆转的发展趋势，他们作为国际格局中的一部分，必然会因国际整体利益受损害而造成自身利益损失，这也就是为什么西方资本主义国家往往会造就出损人但不利己的"囚徒困境"。

　　面对人类发展失序问题，各国人民都在思考"世界向何处去""人类向何处去"这个"时代之问"。为此，以习近平同志为核心的党中央坚持胸怀天下，以世界眼光关注人类前途命运，从人类发展大潮流、世界变化大格局、中国发展大历史出发，明确指出，人类生活在一个地球村里，越来越成为你中有我、我中有你的命运共同体。面对人类发展问题，没有哪个国家能够独善其身，也没有哪个国家可以包打天下，各国需要同舟共济、携手共进，寻求互利合作的双赢多赢之道，构建人类命运共同体。

二、 打造合作共享的国际新态势

　　人类命运共同体意在打造一个"持久和平、普遍安全、共同繁

---

① 陈积敏：《构建人类命运共同体思想的时代背景》，《学习时报》2018 年 7 月 2 日。

荣、开放包容、清洁美丽的世界"，这一理论构想背后折射出的正是共存共在、共商共建、共赢共享的发展思维，体现出的是合作共赢的世界发展新格局。正如习近平总书记所言："只有各国共同发展了，世界才能更好发展。那种以邻为壑、转嫁危机、损人利己的做法既不道德，也难以持久。"① 这种全球共享发展理念要求的是共识、共建、共通、共治与共赢：以全球共识为坚实根基，以全球共建为现实路径，以全球共通为桥梁纽带，以全球共治为稳定保障，以全球共赢为目标追求。在这一价值理念的引领下，人类命运共同体的理论主张是坚持共识的价值共同体、坚持共建的行动共同体、坚持共通的开放共同体、坚持共治的安全共同体与坚持共赢的普惠共同体的辩证统一。

其一，坚持共识的价值格局。共同理念构成共同体形成与维持的基本前提，构建人类命运共同体首先要在理念层面上达成共识。虽然各个民族、国家和地区的文化观念具有民族性和地域性，但并不意味着它们是水火不容的，如果我们摒弃对抗性思维，就不难发现人类所具有的共同价值理念。只有共同利益而无共同价值，国际社会难以形成持续性合作，中美贸易就是最好的例证。从 2003 年到 2005 年，美国单方面不断挑起贸易摩擦，中美两国进入了前所未有的贸易摩擦期。2018 年，美国特朗普政府掀起了又一轮的中美贸易争端。2021年，拜登政府上台，实施"攻守兼备"的对华贸易政策。为了扭转这一局面，实现中美和平发展，中国始终坚持不懈地挖掘中美利益关切

---

① 《习近平谈治国理政》第 1 卷，外文出版社 2014 年版，第 273 页。

点，并以此为基础达成中美共识，实现中美的命运与共。2018 年，中美元首达成了共识，双方以协调、合作、稳定为基点，解决中美关系问题。2019 年，李克强总理会见了来华出席中美企业家对话会的美方代表，强调中美作为世界上最大的发展中国家和发达国家，存在广泛的共同利益，双方应当本着平等和相互尊重的原则，求同存异，达成共识，找到双方都可以接受的解决分歧的办法。[①] 2021 年，习近平主席也同美国总统拜登进行了视频会晤，形成了"3421"成果。中国始终坚持促进中美两国开展对话与交流，在对话与交流过程中寻找共同关切点，形成共识。

其二，坚持共建的行动格局。在形成价值共识的基础上，构建人类命运共同体需要各国共建。"人类生活在同一个地球村里，生活在历史和现实交汇的同一个时空里，越来越成为你中有我、我中有你的命运共同体"[②]。这意味着一切问题都变为全球性问题，"各扫门前雪"的时代已然结束，而今必须要"共建百花园"。"共建"主要指世界各行为体在共存共在、平等尊重的基础上共同参与、协商、管理全球事务，共同建设美好家园。各国之间要摒弃"文明冲突"和"零和思维"的狭隘民族心理，发挥同舟共济的合作精神，把主要精力集中于全球建设，共同解决世界发展的赤字问题。中国一直是全球共建的积极提倡者、推动者，新时代的中非合作共建就是一个典范。中国和非洲大陆，一个是世界上历史最悠久的国家之一，一个是世界

---

① 《李克强会见出席中美企业家对话会的美方代表并座谈》，中国政府网 2019 年 9 月 10 日。
② 《习近平谈治国理政》第 1 卷，外文出版社 2014 年版，第 272 页。

古人类和古文明的发源地之一，都遭受过侵略，两者之间虽相距甚远，但却拥有相似的经历。新时代我国国力日益强盛，援非力度也不断加大，中非之间的经济往来也日益频繁，随着"一带一路"倡议的推进，越来越多的非洲人民享受到了"一带一路"倡议带来的红利。除此之外，新型冠状病毒肺炎疫情的防控也使双方命运与共、守望互助，这种互助是高于经济层面的，双方向世界证明了彼此友谊的存在，并让这份友谊得到了升华。这是一份坚如磐石、牢不可破的国际友谊，是双方共建美好未来的见证。

其三，坚持共通的开放格局。共通和开放本应是全球共同体的本质特征，"只有坚持开放合作才能获得更多发展机遇和更大发展空间，自我封闭只会失去世界，最终也会失去自己"①。建设开放型的世界发展格局，维护多边主义体制，引导全球共同体朝着更加开放、包容、普惠、平衡的方向发展，是构建人类命运共同体的重要桥梁和纽带。在这一点上，中国一直坚持"大家一起发展才是真发展，可持续发展才是好发展。要实现这一目标，就应该秉承开放精神，推进互帮互助、互惠互利"②。为了构建共通的开放型格局，中国做出了诸多努力。2018 年至今，中国在上海举办了四次国际进口博览会，为世界各国开辟中国市场搭建新平台，"努力让开放成果及早惠及世界各国企业和人民"③。为了扩大开放格局，中国采取了以下措施。一是大幅放宽了市场准入。在服务业上，继续落实放宽限制措施，并加大开放力

①《习近平谈治国理政》第 3 卷，外文出版社 2020 年版，第 456 页。
②《习近平谈治国理政》第 2 卷，外文出版社 2017 年版，第 524 页。
③《习近平谈治国理政》第 3 卷，外文出版社 2020 年版，第 196 页。

度，拓宽中外金融市场合作领域。在制造业上，开放汽车、飞机等行业的外资限制，逐步实现中外合资。二是营造优良的投资环境。组建机构，破除制约市场决定作用和政府调控作用的机制体制弊端，同时修订外资负面清单，完善负面清单管理制度。三是加大知识产权的保护。重组知识产权局，加大执法力度，保护合法知识产权，为产权的维护提供保障。四是主动扩大进口。中国不仅降低各类产品的关税，增加人民需要的产品进口，还积极加入《政府采购协定》，为扩大进口提供指引。

其四，坚持共治的安全格局。随着现代化的不断深入，当下的全球共同体不仅会面临军事战争等传统安全问题，更会面临气候恶化、重大传染性疾病等非传统安全问题。"没有哪个国家能够独自应对人类面临的各种挑战，也没有哪个国家能够退回到自我封闭的孤岛"[1]。鉴于此，人类命运共同体要打造共治的安全共同体，共同建设一个"持久和平、普遍安全"的世界。习近平总书记指出："安全应该是普遍的。不能一个国家安全而其他国家不安全，一部分国家安全而另一部分国家不安全……"[2] 在全球化时代，各国安全彼此影响、相互关联，弱肉强食的丛林法则不是国家间相处之道，穷兵黩武的霸道做法最后也只会砸自己的脚。近年来，为维护和保障地区和平，实现普遍的安全格局，由中国发起，俄罗斯、哈萨克斯坦、吉尔吉斯斯坦、塔吉克斯坦、乌兹别克斯坦参与的上海合作组织越来越成为具有国际

---

[1]《习近平谈治国理政》第 3 卷，外文出版社 2020 年版，第 46 页。
[2]《习近平谈治国理政》第 1 卷，外文出版社 2014 年版，第 354 页。

威望的安全组织，成为维护安全、促进可持续发展的重要稳定器。2001 年，中国发起成立上海合作组织，并签署《打击恐怖主义、极端主义和分裂主义上海公约》。该公约对以本·拉登为头目的恐怖主义、以俄罗斯车臣非法武装组织为代表的民族分裂势力以及以乌兹别克斯坦的伊斯兰运动组织为代表的宗教极端势力进行打击。2018 年，上海合作组织在山东省青岛市召开了青岛峰会，这是其扩员以来的首次峰会。各成员国领导人深入分析了国际和地区安全形势，明确了应对风险挑战的努力方向，并探讨了提升安全合作水平、拓展安全合作新领域、丰富安全合作实践的具体举措。据央视网数据，仅在 2013 年至 2017 年，上海合作组织成员国有关机构共制止 600 多起具有恐怖主义性质的犯罪活动，摧毁 500 多个武装分子培训基地，抓获 2000 多名国际恐怖组织成员，缴获 1000 多件自制爆炸装置、50 多吨爆炸物、1 万多支枪支及 100 多万发子弹。在 2016 年至 2017 年，成员国共屏蔽 10 万多家网站，这些网站共登载 400 多万条宣扬恐怖主义和极端主义的信息。上海合作组织成员国积极参与军事演习，传递了维护和平的坚定决心，践行了捍卫和平的使命担当，在国际和地区事务中积极发挥建设性作用，为世界安全与发展贡献了"上合力量"。

其五，坚持共享的互赢格局。全球共赢是构建人类命运共同体的必然结果与根本目标，共识、共建、共通、共治的目的都是为了实现共赢。假设某个行为体在共建共治后没有获益，抑或是获益与其贡献很不成比例，那么这必然将在一定程度上影响其下次参与全球建设与治理的积极性，该行为体也可能就此退出或以暴力形式来对抗共同体，这样各行为体的共存共在与共商共建就不复存在，命运共同体就难以构建。习近平总书记强调："不能身体已进入 21 世纪，而脑袋还停留在过去，停留在殖民扩张的旧时代里，停留在冷战思维、零和博弈的老框框内。面对国际形势的深刻变化和世界各国同舟共济的客观要求，各国应该共同推动建立以合作共赢为核心的新型国际关系……"① 2020 年初，新型冠状病毒肺炎疫情全球暴发。在这次疫情中，中国作出了突出贡献。一是及时发布疫情信息，同时与世界共享病毒研究成果，分享防疫和救治经验。二是积极向世界捐赠防疫物资。据统计，截至 2021 年 5 月，中国已向 80 多个国家和 3 个国际组织捐赠了中国疫苗，向 50 多个国家出口了中国疫苗。可以说，中国在新冠肺炎疫情防控中做到了信息共享、资源共通、措施共商，对全球公共卫生作出了重要贡献。

三、 危机化解中开创国际新局面

"让和平的薪火代代相传，让发展的动力源源不断，让文明的光芒熠熠生辉，是各国人民的期待，也是我们这一代政治家应有的担当。中国方案是：构建人类命运共同体，实现共赢共享。"② 人类命运共同体蕴含着全球共享的发展理念，以全球共识、共建、共通、共治、共赢为基本原则，形成价值共同体、行动共同体、开放共同体、安全共同体、互惠共同体的有机统一，从而在根本上克服资本主义的"我向型"价值观，实现全球从"利益共同体"向"命运共同体"的

---

① 《习近平谈治国理政》第 1 卷，外文出版社 2014 年版，第 273 页。
② 《习近平谈治国理政》第 2 卷，外文出版社 2017 年版，第 539 页。

飞跃，是一种新型全球共同体。如今目标蓝图已然框定，"大道至简，实干为要。构建人类命运共同体，关键在行动"①。在行动过程中，我们势必会碰到很多现实问题，而构建人类命运共同体就是要化解一个又一个实践难题，使现实向理想不断趋近，开辟国际发展新局面。

一是面对因民族国家利益不同而出现的价值藩篱，在价值共同体打造中必须注重"求同存异、聚同化异"②的辩证思维。形成价值共识是构建人类命运共同体的前提和基础，而不同民族国家都有自身的特殊利益，其文化价值观念必然会呈现差异性，如何突破价值藩篱便成为首要实践难题。面对此，习近平总书记提出，"我们应该求同存异、聚同化异"，也就是在共识上要坚持价值认同与价值认异的统一，并能以适当的方式不断缩小、消除差异。这里的价值认同是一种内在的主动认同，不是西方发达国家凭借经济、军事和科技霸权的一种强制认同或引诱认同，那只会带来矛盾冲突，殖民化与反殖民化、市场化与反市场化、和平演变与反和平演变、"9·11"事件、阿富汗战争、伊拉克战争等，在一定意义上说都是价值观念冲突的外部社会表现。内在的主动认同必须让各行为体切实感受到人类命运共同体所蕴含的人类共同价值确实是人类根本利益的普遍反映，绝非包装着特殊利益的"普世价值"。当然，明确人类共同利益和共同价值并不否定和排斥各民族国家的特殊关切，要尊重、包容、体谅各国的特殊国情，要肯定价值认异的作用，强调"求同存异"，以和而不同的思维

---

① 《习近平谈治国理政》第 2 卷，外文出版社 2017 年版，第 541 页。

② 习近平：《中国发展新起点　全球增长新蓝图——在二十国集团工商峰会开幕式上的主旨演讲》，外交部网站 2016 年 9 月 3 日。

增进全球共识。但在全球共同体的发展过程中，还要不断"聚同化异"，不断增进共同价值与命运与共的意识，由此才能突破不同利益造成的价值藩篱，真正达到以共识为基础的价值共同体。

二是面对全球产业链分工的不对等性，在行动共同体打造中必须注重助力发展中国家的产业升级与发展转型。当前资本主义推动的全球共同体确实也是建立在全球分工日益紧密的基础上，虽然看似发达国家和发展中国家都在付出行动，但实际上其中蕴含着行动的不对等性。这一点可以从全球产业链的价值曲线上明显感受到。全球产业链的价值曲线以"微笑曲线"的形式呈现出来，发达国家占据曲线的上游和下游，获得绝大部分利润，而发展中国家处于"微笑曲线"的谷底，获得有限的利润。造成这一结果的重要原因便是目前全球分工的不对等性。发达国家主要从事技术研发与销售服务，而发展中国家主要从事制造加工，这样行动的不对等最终带来经济的非正义，这显然不是共同体应有的共建。人类命运共同体所打造的行动共同体，是要实现一种对等化的共建，即各国在全球产业链中应该处于平等地位。由此，发展中国家必须抓住新一轮科技革命和产业升级的机遇，转变经济发展方式，由要素驱动转向创新驱动，不断融入国际高端产业链，对全球产业链的空间布局进行重组，打破全球生产体系现有的分工格局；发达国家要进一步对发展中国家予以援助，要开放市场、转让技术、减免债务，帮助其实现创新发展，从而形成各国协同联动发展的良好格局。

三是面对"逆全球化"与保守主义、民粹主义浪潮，在开放共同体打造中必须注重构建共通的开放新平台，形成新型全球化经贸体制。当前的全球化发展进程中，"逆全球化"与保守主义、民粹主义风潮涌动，英美等国上演的脱欧、"退群"、贸易战、单边主义、军事制裁等行为严重影响了以共通为基础的开放共同体的打造。当然，他们的意图绝不是真正脱离全球而孤立发展，因为其资本必须要在全球扩张增殖，而是既想通过军事、政治、经济等霸权手段来攫取全球资源与剩余价值，又不想承担金融危机、债务危机、难民危机、气候变化等全球风险。在全球高度融合与发展的时代，"逆全球化"、保守主义等显然不符合时代潮流，"我向型"价值观主导的"利益共同体"的"因利而生、因利而散"的法则显然行不通。人类命运共同体主张的是以共通为基础打造开放共同体，这就需要建构更多的开放新平台，形成新型全球化经贸体制。中国目前已成为全球化进程的中流砥柱，也是抵御"逆全球化"、打造更高全球开放平台的中坚力量，国际社会要注重中国提出的"一带一路"倡议，要积极创建亚投行，并推动上海合作组织等稳步扩容，以此带动更多国家参与全球化的一体发展，发挥地域优势打造一个共通水平更高的开放共同体。

四是面对极端气候、重大传染性疾病等非传统安全问题不断发生，在安全共同体打造中必须注重非传统安全治理体系的建构。相对"军备性"的传统安全困境，目前非传统安全问题日益增多，但发达国家一再推卸责任，使得资本主义主导的全球"利益共同体"难以拧成一股力量去共同应对。如面对全球气候问题，美国政府退出《京都议定书》；面对新型冠状病毒肺炎疫情，在中国政府积极应对时，美国政府却只是不断"甩锅"。由此可以看出，非传统安全问题呈现指涉对象多样化与安全领域综合化等特点，但在安全治理中同样包含着权力结构的挑战问题，突出表现为美国霸权与联合国权威之间的关系。这样一来，面对非传统安全问题，构建安全共同体必须注重非传统安全治理体系的建构：一方面，要强化多边主义的国际安全治理观，发挥联合国组织的机制治理与大国协调治理在安全领域的协同作用，使各个国家能够形成合力共同应对非传统安全问题的威胁；另一方面，要注重形成以国际科研合作为基础的新型安全治理手段，面对环境气候问题、网络安全问题、重大传染性疾病等，在治理上要强调科技手段的作用，要发挥各国优势不断提升全球安全治理的科技化水平。

五是面对国际权力扩散与东移引发的全球权力分配斗争，在互惠共同体的打造中要注重正确看待与处理社会主义和资本主义的关系。人类命运共同体最终要打造以共赢为基础的互惠共同体，实现全球共享的价值目标。而这一目标在实现过程中势必会受到国际权力斗争的影响，特别是后冷战时代，国际权力呈现扩散和东移的态势，如何正确看待与处理以美国为代表的资本主义霸权与以中国为代表的新兴社会主义力量的关系，成为互惠共同体打造的关键问题。东欧剧变和苏联解体使雅尔塔体系瓦解，以美苏为轴心的战后社会主义与资本主义相对平衡的格局被打破，取而代之的"一超多强"实际是单极霸权。随着新兴国家的发展，开始出现以美国为首的西方资本主义国家在国际权力上相对衰弱和以中国为首的发展中社会主义国家的崛起，国际权力开始扩散，并有从西方转向东方的趋势。此时，国际社会多种规则并行、新旧秩序交替，要打造以共赢为基础的互惠共同体，必须正确理解与把握社会主义与资本主义当前的矛盾共同体关系。一方面，面对人类共同挑战与全球治理危机，社会主义与资本主义必须相互合作，取得共赢；另一方面，要意识到社会主义是对资本主义的否定，要继续坚持其理想世界，在自身建设与全球治理中不断凸显社会主义力量，朝着"自由人联合体"的人类理想共同体不断迈进。

第四章

胸怀天下的目标愿景

中国共产党坚持胸怀天下的情怀担当，其目标就是要突破西方资本主义旧文明形态对世界发展的阻碍，要开启一种具有中国特色风格气派的人类文明新形态。党的二十大报告将创造人类文明新形态列为中国式现代化的本质要求。这种人类文明新形态，既立足于为中国人民谋幸福、为中华民族谋复兴，又着眼于为世界文明发展提供中国经验、中国方案、中国智慧和中国担当，指引人类文明朝着马克思所预想的"自由人联合体"方向不断前进。

第一节　"人类文明新形态"：
以新型文明推动天下大同

纵观人类社会文明发展史，都是文明对野蛮的征服，然后再次陷入野蛮的文明。正如滥觞于资本主义社会的科技—工业文明，它既展现出了消灭封建割据落后状态、推动人类社会发展进步的文明一面，同时也表现出了剥削压迫人民、侵略掠夺他国的野蛮一面，使人类社会陷入冲突不断、动荡不安的混沌状态。纵观我们党的百年奋斗史，可以发现我们党在推动国家振兴、民族富强的同时，始终心系人类安危，勇于打破西方科技—工业文明带来的人类发展弊端，以中国特色风格气派的新型人类文明铸就新天下观。

一、 科技—工业文明： 资本主义的历史贡献

人类社会的任何一种文明都不是凭空出现的，而是在同其他文明的不断交流、碰撞中，实现其前后相继、螺旋上升的文明塑造。发轫于18世纪下半叶的工业革命，改变了自然经济条件下的分散生产和工场手工业条件下的简单协作生产。生产资料以及生产力形式的转变，给予了人类文明演变的内生动力，掀开了人类文明史的新一页，首创了代表人类现代性的科技—工业文明。这一新的文明形态以经济的市场化、政治的民主化和思想的理性化创造了不同于封建社会的文

明话语体系，并且凭借其先进的生产机器、优质的企业组织，推动整个世界沿着现代的轨道前进。尤其是 19 世纪 70 年代以后，自由资本主义开始向垄断资本主义转变，促使资本主义国家前赴后继地抢占世界各地的原料资源、销售市场和投资场所，形成了资本主义对世界市场的主宰，裹挟着人类迈向科技—工业文明，在经济、政治、社会、文化、自然关系等各维度走向一段新的发展征程。

在经济领域，科技—工业文明带来了高度发达的生产力，给人类社会提供了一种新的物质生产方式。18 世纪中叶，西方资本主义通过开拓世界市场，将国内产品大量销往海外国家。然而，海外国家需求的不断扩大同国内生产技术供应的产量不足产生巨大的冲突，这时资本家们便主动扩大生产，把目光转向改进生产工具、利用先进技术来提高生产效率和竞争力，追求利润的最大化。1765 年，哈格里夫斯发明的珍妮纺纱机拉开了工业革命的序幕，各行各业、各式各样的生产工具、科学技术纷纷落地。1768 年，阿克莱特改进发明了高效省力的水力纺纱机，并于 1771 年与人合伙创办机器纺纱厂，将社会大批从事手工业的工人聚集起来，要求工人们按照他所提出的工厂管理制度进行生产，从而推进了资本主义雇佣劳动的生产形式，极大地提高了工人的劳动生产率。随后，瓦特创造出世界上第一台具有实用价值的蒸汽机，并加以改进，使其应用于纺织、冶金、采煤、交通等领域，在很大程度上提高了社会生产力，推动人类社会进入蒸汽时代。此外，为了更好地牟利，资本家还不断向外扩张，寻求更多的原料产地和销售市场，这时资本家便要求改进交通工具来加快商品与货物的流转速度。1807 年，富尔顿由于得到瓦特的支持与帮助，顺利制造出以蒸汽为动力的"克莱蒙脱"号轮船。"克莱蒙脱"号轮船的出现加快了西方资本主义国家同海外各原材料地、生产地以及市场的交易往来。后来，斯蒂芬森创造了人类社会第一辆火车（蒸汽机车）"旅行者号"，为人们的生产交换和日常生活带来了极大的便利。在这种情况下，资本主义社会的一切存在都是为了生产，所有的东西都被纳入这种"物质生产范式"之中。因此，科技—工业文明创造了极度丰富的物质文明，使人类的创造能力得到了极大的提升，给人类社会带来了巨大物质生产力。完成第一次工业革命的英国工业总产值占整个世界的39%，显示出巨大的发展潜力。英国在工业革命中的崛起使其他欧洲国家感到震惊，形成了一种示范效应。从此，欧洲大陆各国陆续走上了科技—工业文明之路，人类文明开启了一个新的发展阶段。

在政治领域，科技—工业文明开创了民主政治的先河，为人类社会提供了新的民主形式。伴随着科技—工业文明的高歌猛进，资产阶级创造财富的能力日益增强，力量不断壮大，逐渐超过传统的贵族阶级。新兴资产阶级要求享有更多的政治权利以为其阶级利益服务，而原有的社会等级制度受到了冲击，不再适应实践的需要，随即社会上掀起了革命狂潮。英国资产阶级通过光荣革命推翻了斯图亚特王朝的统治，并于1689年召集议会通过了奠定君主立宪基础的《权利法案》，这为英国资本主义文明的迅速发展扫清了政治障碍。1789年，法国大革命颁布《人权宣言》，公开宣布"人生来是自由的、在权利上是平等的"，并于1792年在国民会议上废除君主制，宣布成立法兰西共和国，代表工商业资产阶级利益的政党登上了历史舞台。1776年，美国于大陆会议通过《独立宣言》，宣告实行总统共和制的美利坚合众国成立，并于随后的南北战争中解放了大量黑人奴隶，开垦了大片平坦荒地，这为美国的快速发展提供了诸多便利。从民主制度来看，虽然各个国家存在一定差异，如英国的君主立宪制、法国的共和制与美国的总统制等，但民主的运行机制和运作程序，如议会制、政党制等被资本主义国家广泛采用。这种民主制度规定了任何个人和集团都必须依照法定的规则参与竞选和治理国家，社会上的各阶层人民在不同程度上享受到了民主选举、民主监督等一系列民主权利，人民形式上的普选权得到了实现，民主政治逐渐深入人心。

在社会领域，科技—工业文明消解了传统的以血缘关系维系的封建等级制对人类交往的限制，实现了社会交往的自由化。马克思、恩格斯指出："思想、观念、意识的生产最初是直接与人们的物质活动，与人们的物质交往，与现实生活的语言交织在一起的。"① 也就是说，个体之间的交往是社会存在和发展的必要条件。在传统社会，人们的交往方式较为闭塞，科技—工业文明使人们之间的交往手段逐渐多样化，人类交往行为总体趋向自由化。18 世纪以来，这种趋势更为明显，许多自由主义拥护者受伏尔泰、孟德斯鸠与卢梭等自然法学派影响，认为自由市场是一种促进和平、消灭战争的社会体制，市民社会是一种自由多元而又和平有序的美好生活，从而以此为目标对社会秩序进行重构。进入 19 世纪，在西方资本主义社会，由于生活水平的提高、思想的开化、交通的便利与通信的发展等原因，人们纷纷在国家与市场之外自由组建社团，探索更适于自身利益实现的组织方式。如托克维尔在《论美国的民主》中写到，美国存在着五花八门的结社，无论是要创办神学院、建立教堂，还是要开设旅店、销售图书，或是要举行庆典、各地传教，美国人都要组织一个社会团体。各种各

---

① 《马克思恩格斯全集》第 3 卷，人民出版社 1960 年版，第 29 页。

样的社会团体将人类组织在一起，社会不同团体的功能得以充分发挥，人与人的交往关系基于共同利益的纽带而得以加固。

在文化领域，科技—工业文明倡导人文精神与理性精神，给人类社会带来了自由、平等、博爱等价值观念，并确立了逻辑、实验、数学等科学文化在人类社会中的地位。正是科技—工业文明所倡导的精神文化充当了变革封建主义社会、建立资本主义社会的思想武器，以自由、平等、博爱为代表的科技—工业文化高度宣扬人性、理性，以对抗封建王权以及宗教神权对人们精神上的束缚，将人们从宗教禁欲和道德说教的压制中解放了出来，使人们可以真正思考自我在人类社会中的活动及其目的。如18世纪的"法兰西思想之王"伏尔泰抨击教会是"一些狡猾的人布置的一个最可耻的骗人罗网"，主张人的理性是历史进步的动力，而人的理性只有在自己的人格和自由得到双重保障的时候才能够充分发挥，因此必须批判宗教神学对人的自由的思想束缚。19世纪的"德国古典文学最后一位代表"海因里希·海涅指出，只有当人们通过自己的理性来审视宗教教义时，他们才具有所谓的思想自由或精神自由。西方资本主义在鼓吹自由、平等、博爱，宣扬人性、理性的同时，也推动了科学的进一步发展，使逻辑、实验、数学等科学文化和精神在科技—工业文化中也同样占据重要地位。如伏尔泰对牛顿盛赞道："我们应当尊敬的是凭真理的力量统治人心的人，而不是依靠暴力来奴役的人；是认识宇宙的人，而不是歪曲宇宙的人。"[1] 近代中国著名思想家严复先生认为，西洋之所以自由、民主与富强，其根本原因就在于信奉科学、开启民智。西方这种

---

[1]［法］伏尔泰：《哲学通信》，高达观等译，上海人民出版社2014年版，第56页。

理性的科学精神，在一定程度上提高了人们在实践活动中的主动性和创造性，推动了人类去不断探索科学真理与生存意义。19 世纪自然科学三大发现，即细胞学说、能量守恒定律、生物进化论，进一步揭开了上帝创世这种宗教学说的神秘面纱。也正是由于科技—工业文明高度宣扬人性、理性，消解了宗教神权对人们的思想控制和精神束缚，使人的个体精神的独立性重新显现出来。

在生态领域，科技—工业文明大大增强了人对自然的塑造力，给人类社会创造了一个属人的世界。在科技—工业文明之前，人类缺乏改造自然的手段和技术，大部分情况下只能被动地服从自然、依赖自然，认识自然和改造自然的能力较低。在这种状态下，人类与自然的关系从本质上说仍是一种"附属"的原始状态，人的发展很大程度上受制于自然条件。随着科技—工业文明的兴起，科学技术广泛使用、物质文明高度发达，人类利用自然和改造自然的能力也随之增强，手段也日新月异。18 世纪初期，英国资产阶级通过改革产权关系、改良土地肥力与改进生产工具，短期内成功大幅度提高了粮食生产总量。据统计，英格兰的粮食出口增加了 511%，是国家出口总额增长速度的 6 倍之多，并且比它周围地区所有国家加起来的出口总额还要多。18 世纪后期，西方资本主义金属生产、造船、各种食品加工等产业对资源的需求再次扩大，这就要求在世界范围内收购、掠夺大量的能源、原材料等自然资源。正如马克思、恩格斯所说："只有在资本主义制度下自然界才真正是人的对象，真正是有用物；它不再被认为是自为的力量……"[1] 人类对自然干预能力的增强，把人提高为环境的

---

[1]《马克思恩格斯全集》第 30 卷，人民出版社 1995 年版，第 390 页。

主宰，实现了人类社会由依附于自在自然的状态跃迁为自为的状态，使自然面貌发生了翻天覆地的改变，在人类的改造下焕然一新，这无疑是人类文明的一种进步。

二、科技—工业文明的弊端：资本主义天下体系的崩溃

科技—工业文明给人类留下了进步的历史印记，但这种自诩为"历史终结"的文明背后亦隐藏着畸形发展的危机，同时也限制了这种文明发展的高度。科技—工业文明所包含的内在矛盾，在它消灭封建文明的时候就已经悄然埋下种子，并伴随着西方工业化进程的不断推进、全球化趋势的深入发展生根、发芽。时至今日，以科技—工业文明支撑的天下体系的弊端已然在人类社会中全面显现出来。科技—工业文明以资本逻辑为运转核心，只要能实现利益最大化，如何生产、生产什么以及生产所造成的破坏并不重要。正如马克思在《资本论》中所引："一旦有适当的利润，资本就胆大起来。如果有 10% 的利润，它就保证到处被使用；有 20% 的利润，它就活跃起来；有 50% 的利润，它就铤而走险；为了 100% 的利润，它就敢践踏一切人间法律；有 300% 的利润，它就敢犯任何罪行，甚至冒绞首的危险。"[1] 因此，科技—工业文明在向世人展示推进人类社会物质繁荣的表象时，也同样加剧着人类社会的发展矛盾，给全人类造成了空前的社会危机，使人与人、人与社会、人与自然之间的关系不断恶化。

科技—工业文明及其所生成的利己主义天下观，引发了经济危机

---

[1]《马克思恩格斯文集》第 5 卷，人民出版社 2009 年版，第 871 页。

与贫富分化。科技—工业文明提供给人类一种创造巨额财富的物质生产方式，使人们的衣、食、住、行等日常生活方面发生了翻天覆地的改变，但是在这种繁荣景象的背后却存在着普遍性危机。资本家为了追求高额利润不断扩大生产，长期对工人进行剥削掠夺，从而导致身无分文的人们无法购买社会生产出来的大量商品，这就激化了社会生产与消费之间的矛盾。正是因为这一原因，人类社会的世界性经济危机频发。1857 年，美国盲目扩大生产的大量农产品难以销往欧洲，农业收入面临下降，这一消息通过电报迅速传遍美国全国乃至世界，许多资本家火速撤资，导致大量企业倒闭、大批工人失业。1929 年，美国爆发了最持久、最深刻、最严重的世界经济大危机，使得美国和世界长期处于一个大萧条状态，股价一夜之间暴跌，即使纽约证交所的 1100 名会员几乎全部到场，也难以延缓股价下跌的速度。股市的崩溃带来了更大范围的破坏，失业人口急剧攀升，人民生活日益贫困，流浪汉充斥在街角，美国经济水平直接倒退回 10 年前。时至今日，这种全球性的经济危机仍然蔓延在世界许多国家，对人类社会发展产生了持续性的严重危害。除全球性经济危机屡发外，随着经济危机爆发而来的是国家发展滞缓、大批工人失业，以及私有制条件下导致国家内部、国际社会贫富的两极分化。2015 年，皮尤研究中心一份报告指出，美国高收入家庭的收入占据全国总收入的 49%，同比 1970 年的 29% 翻了将近一番。① 2020 年，兰德公司研究报告则进一步表明资本家对贫苦大众的剥削与掠夺，指出美国在 1975 年至 2018 年期间，1% 的最高收入者从 90% 的社会底层人民中获得了 47 万亿美元。② 2022

---

① Pew Research Center. *The American Middle Class Is Losing Ground*. 2015.

② Price, Carter C. , and Kathryn A. Edwards. *Trends in Income from 1975 to 2018. RAND*, 2020：11.

年，世界不平等研究室编写的《世界不平等报告》揭露，全球财富占有前10％的人群占据全球财富总额的76％，其余90％人群仅占据全球财富的24％。

科技—工业文明及其所生成的霸权主义天下观，造成民主危机与战争动荡。许多西方学者鼓吹科技—工业文明的优越之处就在于其民主政治，认为西式民主是正义的化身和文明的标志，是"民主标杆"。然而，在本质上西方民主制只是资本权力向政治权力转变的工具，为资本合法、合理控制国家政权披上虚伪的制度外衣。从表面上看，社会公众直接参与了民主选举活动，但实质上却并未对国家政治生活产生实际影响。当我们将目光转向现实便可以发现，政党的产生本身就是代表不同利益财团争夺政治权力的产物，他们的背后是大财团、大资本家。资本家提供资本为候选者造势，候选者一旦当权就会帮资本家获取更大的利益，搞金钱政治、权钱交易。数据显示，2008年至今美国历届总统大选两党耗资逐年攀升，从2008年的10亿美元、2012年的20亿美元、2016年的66亿美元攀升到2020年的140亿美元。[1]由此可见，美国总统大选已经彻底沦为资本家的金钱游戏。2013年，美国"棱镜门"事件曝光，NSA与FBI通过微软、谷歌、雅虎等九大互联网巨头监控全球民众电子个人信息。他们利用所知内容或加以伪造煽动全球舆论，催化世界各国沿着美国所欲求的道路发展，激化其他民族国家的内部矛盾，既达成美国政客的政治目的，又塑造美国政府的全球霸权地位。随着霸权主义天下观不断膨胀，科技—工业文明的光环正在逐渐消散，从大航海时代的西班牙、葡萄牙到海上马车夫

---

[1] 李云舒、柴雅欣：《起底美式"黑金政治"》，《中国纪检监察报》2022年9月19日。

的荷兰，再到法西斯的德国、意大利、日本，时至今日这一文明主导的世界秩序，几乎从未间断过制造全球性战争以及对落后国家的局部战争。正如著名地缘政治学家杰弗里·帕克所说，西方国家之所以能够在 16 世纪到 18 世纪顺利地建立其世界帝国，关键在于通过军事革命发展战争能力。西方国家奉行霸权主义和强权政治，使人类社会的传统安全受到严重威胁，地区冲突和局部战争此起彼伏；在应对人类社会的非传统安全问题时，秉持以邻为壑的原则，只顾自己国家的一己之利，而将挑战和危机转嫁到其他国家，甚至还趁火打劫，自诩"政治正确"的西方政府和政治精英光环尽失。

科技—工业文明及其所生成的"普世"主义天下观，造成精神危机与文明冲突。科技—工业文明是服务于资本增殖的，人们的"一切情欲和一切活动都必然湮没在贪财欲之中"①，资本代替宗教、血缘的地位，成为唯一的"信仰"。从封建文明逃离出来的人们并未改变被剥削和压迫的命运，正如马克思所说："在资产阶级社会里，资本具有独立性和个性，而活动着的个人却没有独立性和个性。"② 这正是科技—工业文明催生出的精神危机的真实写照。1860 年，美国南部几百万的农奴在监工的皮鞭下种植棉花为资本家积累财富。但是，这种情况自 20 世纪以来发生了改变：资本家不再会通过暴力手段明目张胆地强迫人们去工厂劳作，他们许诺工人具有自由、平等的权利，但又通过舆论、广告与教育等手段唤醒人们对消费的虚假需求，强制人们去消费，以变相逼迫他们自觉为资本家卖命。如 1948 年戴比尔斯集团通过控制产量、包装价值哄抬了钻石价格，称钻石是爱的礼物，鼓

①《马克思恩格斯文集》第 1 卷，人民出版社 2009 年版，第 227 页。
②《马克思恩格斯文集》第 2 卷，人民出版社 2009 年版，第 46 页。

动人们拼命工作来购买钻石表达爱意。人类的情感、精神、价值观等都已经被纳入资本逻辑的滚滚车轮之中，人类成了资本的"奴隶"，资本已经控制了社会的精神，真正成了人类精神领域的统治者。科技—工业文明并未丰富劳动者的精神世界，反而通过物欲的刺激和奢华的渲染加重了底层劳动人民的负担，这就导致资本主义社会的许多人患上了精神疾病。2016 年，英国国家统计局公布的《成人精神疾病调查 2014》显示，2014 年 17.5% 的成年人患有不同形式的抑郁或焦虑，而 1993 年为 14.1%、2000 年为 16.3%，呈现逐年递增的趋势。① 与此同时，西方国家信奉唯我独尊、自我优先，在世界范围内宣扬"普世价值观""文明优越论""文明等级论""文明冲突论"等观点，构建以西方文明为中心的人类文明形态。如英国高级外交官罗伯特·库帕在《重组世界秩序——"9·11"事件的长远影响》中指出，在文明国度中我们依照法律办事，但是在非文明国度（欧洲大陆之前的老式国家）中我们则应依照丛林法则（诉诸武力、先发制人与欺骗等手段）来行事，因为他们的野蛮难以同我们的文明交流，只能通过严厉的方式来对其进行改造。

科技—工业文明及其所生成的生态帝国主义天下观，造成资源瓶颈与生态危机。人类掌握了科学技术之后，便竭尽所能地对自然界进行索取和改造，对自然界的利用达到了前所未有的程度，持续下去必然会造成对自然生态系统的破坏。然而，发达资本主义国家应对生态环境问题的解决之策，就是对其他国家进行资源掠夺，并将污染产业转至发展中国家，这些行为在很大程度上加剧了全球生态危机。德国

---

① McManus, Sally, et al. *Mental health and wellbeing in England: the adult psychiatric morbidity survey 2014. NHS digital*, 2016: 45.

社会学家格罗·詹纳对此表示："高度发达的工业文明对自然具有如此强大的统治力量，以至于它像一个危险的火药桶，它本身激起的威力就可能使它爆炸。"① 以 1952 年英国伦敦毒雾事件为例，因为工业的高度运转，许多工厂排出的大量废气集聚在城市上空久久不散，行人连道路都难以看清，交通警察必须要戴上厚重的防毒面具。因为当地居民大多都没有防毒面具，许多人患上了哮喘、咳嗽、肺炎、肺癌等呼吸道疾病，死亡率急剧上升，伦敦也因此得名"雾都"。之后，毒雾事件又引发了 1953 年伦敦的早春流感，许多居民因此丧命。美国著名的未来学家阿尔文·托夫勒对此说道："从来没有任何一种文明，能够创造出这种手段，能够不仅摧毁一个城市，而且可以毁灭整个地球。"② 在科技—工业文明的催生下，生态帝国主义天下观也形成了。生态帝国主义向全球掠夺资源、转移污染的手段是多样的，他们消耗着地球上的巨量自然资源，制造着世界上大量污染废物。与此同时，他们还不思悔过，变本加厉地向发展中国家直接转嫁废弃物、转移污染型企业，并要求发展中国家承担更多不公正、不平等的责任和义务。绿色和平组织研究数据则显示，发达国家平均每年向亚非拉等发展中国家运送 5000 万吨废弃物。研究表明，这些"洋垃圾"的毒素会渗透到地下水与土壤中，持续性地破坏周边生态环境，毒害当地居民。由此可见，资本主义国家以侵犯全人类利益与掠夺地球自然资源为代价，独自享受科技—工业文明发展进步带来的财富，然而，却给全人类、地球家园带来了无尽的灾难。

---

① ［德］格罗·詹纳：《资本主义的未来：一种经济制度的胜利还是失败?》，宋玮、黄婧、张丽娟译，社会科学文献出版社 2004 年版，第 188 页。

② ［美］阿尔文·托夫勒：《第三次浪潮》，朱志焱等译，新华出版社 1996 年版，第 128 页。

三、 文明新形态的生成： 中国特色风格气派的人类贡献

科技—工业文明以及在此基础上生成的天下观，给人类社会带来了进步，但由于其矛盾局限，也给人类社会造成了深重灾难。19 世纪，缔造科技—工业文明的英国用"坚船利炮"打开了古老中国的大门，强制将中国纳入其文明体系，欲颠覆中国的传统文明观。面对西方科技—工业文明的现代化景象，中华民族也曾抱有试图成为西方科技—工业文明"学徒"的幻想，但是"帝国主义的侵略打破了中国人学西方的迷梦"①。西方列强这种"以我为主、为我所用""对外侵略、向外扩张"的天下观迫使中国不得不放弃西方科技—工业文明的道路，另辟蹊径，另寻他路。最终，中国共产党心系黎民百姓，胸怀天下苍生，独立自主地探索出一种不同于科技—工业文明的新型人类文明形态，为人类文明注入具有中国特色风格气派的新贡献。

新民主主义革命时期，中国共产党在领导中国人民进行艰苦卓绝伟大革命、实现民族独立与人民解放的救国大业中，奠定了中国特色风格气派的新文明的底色。新民主主义革命时期的人类社会正如毛泽东在《湘江评论》中所写的那样，"国家坏到了极处，人类苦到了极处，社会黑暗到了极处"。1916 年，中国共产党的主要创始人之一李大钊先生号召青年"背黑暗而向光明，为世界进文明，为人类造幸福"②，这同毛泽东于 1917 年提出的人生还应追求"吾人理想之世界主义"不谋而合，它们都展现了中国共产党人坚持胸怀天下的伟大情

---

①《毛泽东选集》第 4 卷，人民出版社 1991 年版，第 1470 页。

②《李大钊全集》第 1 卷，人民出版社 2006 年版，第 192 页。

怀。1920 年，毛泽东题写"世界是我们的，做事要大家来"，希望通过实践改变世界，并于 1921 年在新民学会上明确了"改造中国与世界"的目标。毛泽东在领导中国人民进行新民主主义革命的历史进程中，始终将全国人民、全人类的命运密切联系在一起，誓要改造世界、造福人类，实现"太平世界，环球同此凉热"的崇高理想。革命胜利前夕，毛泽东在《论人民民主专政》中指出，中国要"经过人民共和国到达社会主义和共产主义，到达阶级的消灭和世界的大同"①。只有实现国家发展、文明进步，才能更好地为人民谋幸福、为民族谋复兴、为世界谋大同。这表明了"改造中国与世界"目标与实践的一致性，奠定了新型人类文明的底色。

社会主义革命和建设时期，中国共产党在率领中国人民探索社会主义建设道路、为全体人民与全人类谋利益的兴国大业中，开创了中国特色风格气派的新文明类型。新中国成立不久，毛泽东就意气风发地向世界宣告"中国应当对于人类有较大的贡献"。这展现了中国共产党作为无产阶级政党的大党担当，彰显了中国作为社会主义国家的大国责任。1950 年，以毛泽东同志为核心的党中央作出了"抗美援朝、保家卫国"的决策。抗美援朝战争的胜利，维护了亚洲和世界的和平，为人类和平事业作出了巨大贡献。1953 年，中国共产党不忍再看世界各国人民遭受战争之苦，提出和平共处五项原则——互相尊重主权和领土完整、互不侵犯、互不干涉内政、平等互利、和平共处，为和平解决国际争端作出中国示范。1956 年，即使是在新中国经济困难、"四个现代化"的战略目标受挫的情况下，毛泽东仍在中共八大

①《毛泽东选集》第 4 卷，人民出版社 1991 年版，第 1471 页。

上强调:"……各国的民族独立解放运动,以及世界上一切国家的和平运动和正义斗争,我们都必须给以积极的支持。"① 1957 年,面对国际共产主义运动低迷的情况,毛泽东发表了《关于正确处理人民内部矛盾的问题》,为其他社会主义国家提供了重要借鉴。中国坚持胸怀天下地援助世界,各国人民有目共睹、深受其惠,于是广大发展中国家在 1971 年把中国"抬"进了联合国,最终联合国宣布恢复中国的合法席位。总之,在社会主义革命和建设时期,我们党坚持胸怀天下的崇高理想与实际行动的统一,在推进社会主义事业中竭力为世界和平发展与人类文明进步贡献中国智慧与中国力量,开创了致力于实现人民幸福、民族复兴与世界大同的中国特色风格气派新文明类型。

改革开放和社会主义现代化建设新时期,中国共产党在带领人民坚定不移推进改革开放、建设中国特色社会主义的富国大业中,发展了富有中国特色风格气派的新文明类型。以邓小平、江泽民、胡锦涛同志为主要代表的中国共产党人始终坚持胸怀天下,正确处理中国和世界的关系,促进中国与世界和平发展的良性互动。邓小平同志强调,"中国把自己的发展看作是对人类贡献的问题,是保证世界和平的问题"②,这表明他将"为人类作出更大贡献"看作同社会主义中国相伴发展的价值追求。1979 年,邓小平同志在会见日本首相时说,作为一个真正的社会主义国家,中国在实现四个现代化的道路上,既要改变中国积贫积弱的面貌,也要"对人类作出比较多一点的贡献"③。1984 年,邓小平同志在会见巴西总统时说,随着国民生产总

①《毛泽东文集》第 7 卷,人民出版社 1999 年版,第 116 页。
②《邓小平年谱(1975—1997)》下,中央文献出版社 2004 年版,第 1240 页。
③《邓小平文选》第 2 卷,人民出版社 1994 年版,第 237 页。

值不断提高，中国到下世纪中叶"就可以对人类有较大的贡献"①。江泽民同志强调"实现中华民族的伟大复兴，争取对人类作出新的更大的贡献"，则进一步将实现中华民族伟大复兴与"为人类作出更大贡献"相统一。1996 年，江泽民同志在纪念孙中山先生诞辰 130 周年大会上提出"为使中华民族对人类作出更大贡献而努力奋斗"②。进入 21 世纪后，随着国家不断发展壮大，胡锦涛同志向世界宣告"中国人民有信心、有能力建设好自己的国家，也有信心、有能力为世界作出自己应有的贡献"③。面对世界不断调整变革，胡锦涛同志倡议世界各国要"推动不同文明友好相处、平等对话、发展繁荣，共同构建一个和谐世界"④。这一时期，中国共产党始终强调要为人类作出更大贡献，坚持正确处理中国与世界之间的关系，将中国人民与世界人民、中华民族与世界民族、中华文明与世界文明统一起来，发展了具有中国特色风格气派的人类文明新形态。

第二节 "两个大局"下不断开辟"人类文明新形态"的新境界

习近平总书记指出："领导干部要胸怀两个大局，一个是中华民族伟大复兴的战略全局，一个是世界百年未有之大变局，这是我们谋

---

① 《邓小平文选》第 3 卷，人民出版社 1993 年版，第 143 页。
② 《江泽民文选》第 1 卷，人民出版社 2006 年版，第 596 页。
③ 《胡锦涛文选》第 3 卷，人民出版社 2016 年版，第 271 页。
④ 《十六大以来重要文献选编》中，中央文献出版社 2006 年版，第 851 页。

划工作的基本出发点。"①"两个大局"的重要战略判断，是对国内和国际两个方面形势的时局研判，是统筹中国与世界和平发展、协同演进的重大战略。"两个大局"相互交织、相互作用。变局是实现全局的现实挑战，也是重要机遇；全局的实现受制于变局的影响，变局的解决有赖于全局的推动。在新时代，"两个大局"是中国和世界发展的最大现实背景，如何把握历史发展大势，顺应时代发展潮流，坚持胸怀天下的壮志情怀，继续推进具有中国特色风格气派的新型人类文明的发展，是摆在中国共产党人面前的时代之问。

一、 人类文明形态的内涵拓展： 五大文明升华发展

习近平总书记指出："我们坚持和发展中国特色社会主义，推动物质文明、政治文明、精神文明、社会文明、生态文明协调发展，创造了中国式现代化新道路，创造了人类文明新形态。"② 人类文明新形态是对我国社会主义理论和实践的集中反映，内在地蕴含着我国历届领导人的思想理论结晶，外在地体现在我们党带领人民改造中国和世界、造福人民和人类的伟大实践之中。在社会主义文明建设过程中，我们党对人类文明形态内涵的认识不断丰富拓展，逐步发展形成政治、经济、文化、社会、生态五大文明的统一格局。这"五大文明"是在中国式现代化发展道路和人类文明发展高度统一的基础上提炼概括而成的，深刻地回答了人类文明形态在新时代条件下开辟新境界的问题。

---

① 《习近平谈治国理政》第 3 卷，外文出版社 2020 年版，第 77 页。
② 习近平：《在庆祝中国共产党成立 100 周年大会上的讲话》，人民出版社 2021 年版，第 13—14 页。

新时代物质文明助力共同富裕，壮大人类文明新形态物质基础。物质文明反映物质生产方式和经济增长方式，物质文明能够通过其强大的支撑力保障其他文明建设持续发展。社会主义社会能够最大限度地创造物质文明，其核心在于通过人民的力量推动社会物质生产力不断发展，创造出满足人民生存和发展的物质财富，最终实现全体人民、全人类共同富裕。新时代物质文明的发展，强调政府、市场和社会共同发挥建设作用，资金、技术和人才可以在国内国际充分涌动，并且通过坚持"科教兴国""人才强国""创新驱动发展"等战略，提高劳动生产率、资源利用率，从而推动社会生产力的迅速发展。全国人才资源总量从2010年的1.2亿人增长到2019年的2.2亿人，其中专业技术人才从5550.4万人增长到7839.8万人。各类研发人员全时当量达到480万人年，居世界首位。我国研发经费投入从2012年的1.03万亿元增长到2020年的2.44万亿元，居世界第二。世界知识产权组织等发布的全球创新指数显示，我国排名从2012年的第34位快速上升到2021年的第12位，① 这为我国科学技术发明创新、物质财富生产创造提供了有力支撑。通过人才的培养、科技的创新，中国创造出了诸多新型人类物质文明成果，实现了由跟跑、并跑到领跑的飞跃。2012年，"蛟龙号"成为世界上第二个突破下潜7000米以上的载人深潜器，帮助人类再次认识、开发与保护海洋。2016年，我国研制的"神威·太湖之光"超级计算机运算速度排行世界第一，帮助人类社会解决了诸多棘手难题。2017年，"C919"国产大飞机成功首飞，打破了国外技术垄断，为人们提供了更多航空选择。2018年，

①　习近平：《深入实施新时代人才强国战略　加快建设世界重要人才中心和创新高地》，《求是》2021年第24期。

"北斗"卫星导航系统正式向全球提供服务，为人们定位导航、防灾救灾提供了重要技术保障。2020 年，探月工程"嫦娥五号"成功采集月壤返回地球，助力人类更全面地认识月球卫星。这一系列重大成果的创造，不仅极大地提升了我国的物质文明成果，还通过开放共享给人类社会文明发展带来了重要积极影响。与此同时，习近平总书记在庆祝中国共产党成立 100 周年大会上庄严宣告"在中华大地上全面建成了小康社会，历史性地解决了绝对贫困问题"①，并向着实现全体人民共同富裕奋发前进。人类文明新形态的物质文明，必须建立在遵循历史规律和顺应时代潮流的基础上，充分借鉴人类社会创造的先进科学技术成果和有益管理经验，注重国际社会的交流与合作，利用改革和开放的利剑，不断解决挑战、克服困难，实现社会经济发展，使人类社会的物质文明成果不断涌现，实现工业化、信息化、城镇化和农业现代化。

新时代政治文明彰显全过程人民民主，强化人类文明新形态制度保障。政治文明是人类在政治实践中形成的制度成果，包括政治制度及其运行体制等国家治理各方面在内。社会主义政治文明能够充分体现人民民主，核心就在于通过政治制度保障一切权力集中在人民手中，使人民可以依法直接行使民主权利，参与国家事务和社会事务的管理并发表个人意见。新时代政治文明的发展，就是坚持"人民至上"的价值理念，坚持"人民当家作主"的本质核心，通过不断创新和完善制度体制，使全体中国人民在全过程民主中充分享受到作为主体的地位和权利。2014 年，习近平总书记在庆祝全国人民代表大会

---

① 习近平：《在庆祝中国共产党成立 100 周年大会上的讲话》，人民出版社 2021 年版，第 2 页。

成立 60 周年大会上强调："人民民主是社会主义的生命。没有民主就没有社会主义，就没有社会主义的现代化，就没有中华民族伟大复兴。"① 2015 年，习近平主席在联合国成立 70 周年系列峰会上进一步指出，民主是全人类的共同价值，是我们的共同追求。由此可见，我们在统筹"两个大局"历史进程中，必须不断深化对民主地位和作用的认识，推动社会主义民主政治建设，发展社会主义政治文明。2021 年，在庆祝中国共产党成立 100 周年大会上，习近平总书记站在人民立场上对新时代政治文明作出了深刻论述："践行以人民为中心的发展思想，发展全过程人民民主。"② 全过程人民民主的实质在于彻头彻尾地体现人民当家作主，坚持以人民主体为起点、以人民意志为中心、以人民利益为旨归、以人民评价为尺度，并以此为依据充分贯彻落实到民主政治实践中去。全过程人民民主作为人类政治文明的伟大创造，其形式在于全过程民主的全链条、全方位、全覆盖。在中国共产党领导下，人民当家作主的根本政治制度与基本政治制度不断走向成熟完善。这些完整的制度程序将民主选举、民主决策、民主协商、民主管理、民主监督等重要民主形式纳入民主政治制度体系中，把人民民主贯彻到经济社会生活各领域、各环节和全过程，从而保证党的主张、国家的政策体现全体人民各方面的意志与利益。我们党对人类政治文明作出的重大贡献，能够为中华民族伟大复兴提供坚实政治制度保障，使人民可以具体地、全面地、真实地参与到治国理政中去，从而实现全体人民各方面利益，保证国家统一、民族团结和社会稳定。与此同时，新时代中国政治文明能够为其他国家走出一条适合本

---

① 习近平：《在庆祝全国人民代表大会成立 60 周年大会上的讲话》，人民出版社 2014 年版，第 7 页。
② 习近平：《在庆祝中国共产党成立 100 周年大会上的讲话》，人民出版社 2021 年版，第 12 页。

国国情的政治发展道路提供一种行之有效的中国方案，也能够为破解全球治理困境与民主危机贡献一种和平协商的中国智慧。

新时代精神文明塑造社会主义核心价值观，增强人类文明新形态内在指引。精神文明是人类在劳动生产实践过程中创造的宝贵精神财富，包括思想道德、教育科学和艺术文化等多个方面，是人类文明的重要标志，标志着人类精神认知、道德和智慧的进步状态。社会主义精神文明建设的重要目标在于满足人民精神生活需求，增强人民精神力量，使其能够为其他文明建设提供智力支持和精神动力。新时代精神文明的发展，强调用体现中华民族共同追求的社会主义核心价值观引领社会思潮，通过科学分析不同社会群体的精神需求，在尊重彼此差异性的基础上使社会主义核心价值观成为凝聚民心、反映民意的"最大公约数"，为推进国家、社会和个人发展提供价值指向。2014年，习近平总书记在学习贯彻十八届三中全会精神全面深化改革专题研讨班开班式上强调："推进国家治理体系和治理能力现代化，要大力培育和弘扬社会主义核心价值体系和核心价值观，加快构建充分反映中国特色、民族特性、时代特征的价值体系。"[1] 这表明社会主义核心价值观建设关系推进国家治理现代化、实现中华民族伟大复兴的战略全局。在统筹"两个大局"的时代大势中，我们面临着来自国内外不同社会思潮交融交锋的新契机与新考验。对此，习近平总书记在中国共产党与世界政党领导人峰会上强调："我们要担负起凝聚共识的责任，坚守和弘扬全人类共同价值。各国历史、文化、制度、发展水平不尽相同，但各国人民都追求和平、发展、公平、正义、民主、自

---

[1]《习近平谈治国理政》第 1 卷，外文出版社 2014 年版，第 106 页。

由的全人类共同价值。"① 中国全体人民共同追求与各国人民共同追求之间存在着密切联系，中国全体人民追求的社会主义核心价值观，实际上就是全人类共同价值表现出的中国特色、民族特性与时代特征，是全人类共同价值的中国样态。新时代精神文明的发展，打破了西方"普世价值"的虚假幻想，既强调坚持凝结着全体人民共同追求的社会主义核心价值观，又强调坚持体现着各国人民共同追求的全人类共同价值，为世界各国发展与人类社会进步提供了一种富有鲜明中国特色、符合社会发展规律的精神文明新形态。

新时代社会文明提升人民美好生活，优化人类文明新形态发展目的。社会文明从狭义上讲，表现的是人与人之间的社会关系，聚焦于人们的社会生活状态，同其他文明相互连接、相互作用；从广义上讲，反映的是人类生活状态和人类文明进步程度的整体总和，是一个国家文明进步程度的宏观体现。新时代社会文明的发展，强调持续提高、保障和改善民生水平，不断满足人民日益增长的美好生活需要，加强和创新社会治理。保障和改善民生是社会文明建设的首要工作，要通过补齐民生短板，促进社会公平正义，让人民群众有更多获得感、幸福感、安全感。2016 年，习近平总书记在江西调研时指出，"集中力量做好普惠性、基础性、兜底性民生建设，不断提高公共服务共建能力和共享水平……确保人民群众安居乐业、社会秩序安定有序。"② 在黑龙江调研时指出，"面对复杂的国内外经济形势，要把保障和改善民生紧紧抓在手上"③。2017 年，习近平总书记对"四好农

---

① 习近平：《加强政党合作　共谋人民幸福——在中国共产党与世界政党领导人峰会上的主旨讲话》，人民出版社 2021 年版，第 4 页。

② 《习近平谈治国理政》第 2 卷，外文出版社 2017 年版，第 362 页。

③ 《习近平谈治国理政》第 2 卷，外文出版社 2017 年版，第 363 页。

村路"建设作出指示，强调"既要把农村公路建好……为加快推进农业农村现代化提供更好保障"①。2018 年，习近平在湖北考察时指出，只要是有利于老百姓的事，我们就要努力去办，而且要千方百计办好；在吉林考察时指出，坚决守住安全底线，全力保障群众切身利益和社会安全稳定大局。② 由此可见，"增进民生福祉是发展的根本目的"③。正是为了在发展中补齐民生短板、促进社会公平正义，我国建成了世界上规模最大的社会保障体系，基本医疗保险覆盖近 14 亿中国人民，覆盖率高达 96.8%；基本养老保险覆盖人口突破 10 亿大关，覆盖率提高到 95%，全力保障人民切身利益和维护社会安全稳定。实践证明，在党的领导下，我国社会管理能力和社会制度建设水平不断提升，我国的社会稳定程度、国家安全系数不断提高，取得了人民安居乐业、社会长期稳定、国家长治久安的历史性成就，并且不断为国际社会的和平稳定、公平正义贡献力量。与此同时，新时代社会文明建设不仅关照当下人民生活、社会状况，将以人民为中心的发展理念落细、落实，更对未来社会发展提出更高目标。到 2035 年，社会文明程度达到新的高度，人民生活更为宽裕，中等收入群体比例明显提高……基本公共服务均等化基本实现……现代社会治理格局基本形成，社会充满活力又和谐有序。④ 因此，新时代社会文明与时俱进地优化人类文明新形态发展目的，多措并举地提升人民美好生活，既是我国实现中华民族伟大复兴的强大力量，也是推动人类文明进步的关键之举。

---

① 《习近平谈治国理政》第 3 卷，外文出版社 2020 年版，第 342 页。
② 《习近平谈治国理政》第 3 卷，外文出版社 2020 年版，第 343 页。
③ 《习近平谈治国理政》第 3 卷，外文出版社 2020 年版，第 18 页。
④ 《习近平谈治国理政》第 3 卷，外文出版社 2020 年版，第 22—23 页。

新时代生态文明打造人与自然生命共同体，构筑人类文明新形态的前提条件。生态文明是人类文明发展到工业文明的新生事物，根本目的是保护人类赖以生存的自然环境，反对破坏自然、浪费资源和污染环境的人类行径，实现人与自然和谐共生，为人类社会的可持续发展提供重要前提条件。"人类只有遵循自然规律才能有效防止在开发利用自然上走弯路，人类对大自然的伤害最终会伤及人类自身，这是无法抗拒的规律"①。如古巴比伦，人们为了获得更多的耕地而破坏森林，最终导致被沙尘埋没，文明不复；复活节岛，人口快速繁衍、肆意砍伐树木、大举开矿采石等人类破坏行为，最终致使环境剧变，文明消逝。面对我国以及人类社会的自然、生态、环境与资源等重大问题，党的十八大把生态文明建设纳入中国特色社会主义事业"五位一体"总体布局，明确提出大力推进生态文明建设；党的十九大则进一步强调"建设生态文明是中华民族永续发展的千年大计"，并通过践行一系列绿色生态理念、国策、制度、道路，"为人民创造良好生产生活环境，为全球生态安全作出贡献"②。近年来，我国通过因地制宜转变经济发展方式，坚持节约优先、保护优先、自然恢复为主的方针，形成节约资源和保护环境的空间格局、产业结构、生产方式、生活方式，实现了社会生产的绿色转型和可持续发展。如贵州省六盘水市部分地区曾靠山吃山，大搞"砍树经济"，导致地区生态遭到破坏，老百姓失去了唯一的经济来源。在国家绿色生态经济的倡导下，这些地区走向了"林下经济"，通过林场带来的温湿条件，种植食用菌、花卉苗圃、中药材，使老百姓实现了脱贫致富的生活愿景，同时地区

---

① 《习近平谈治国理政》第 3 卷，外文出版社 2020 年版，第 39 页。
② 《习近平谈治国理政》第 3 卷，外文出版社 2020 年版，第 19 页。

也迈向了人与自然和谐共生之路。辽宁省阜新市彰武县散布着几个村落，这些村庄由于风沙遍布，不宜耕作，人们常常抱怨天公不作美。随着国家历年来对土地沙漠化、荒漠化的治理，这个地区的森林覆盖率由原来的 2.9% 增加到现在的 34.5%，筑起了一道防风固沙、普惠民生的绿色长城，人们开始耕地种田、畜牧养殖，这座小城也焕发了前所未有的生机活力。① 与此同时，中国共产党还助力世界生态建设，从 2030 年可持续发展计划的达成，到共建绿色丝绸之路的倡议，再到构建人与自然生命共同体，都改善了人类社会赖以生存的地球家园，为人类社会的可持续发展提供了保证。由此可见，生态文明建设对于统筹"两个大局"具有很强的战略意义，是一项功在当代、利在千秋的宏图伟业。

二、 人类文明新形态的交往创新： 互助互利互鉴

新时代中国共产党人以"五位一体"的文明创新不断推动人类文明新形态的发展，为世界发展提供了新的文明样态。这种新型人类文明在内涵维度上与西式科技—工业文明有本质区别，在文明间的交往互动上与西式文明有显著不同，其凸显的是不同文明间的互助互利互鉴原则，破解了西式文明零和博弈的游戏规则，深刻体现出中国共产党人在新时代胸怀天下的胸襟与情怀。当今，人类正站在世界历史发展的十字路口，习近平总书记深刻思考国际社会面临的大变局和大调整，指出，"世界多极化、经济全球化深入发展，社会信息化、文化

---

① 王金海、刘洪超：《辽宁彰武县科学治沙接续奋斗 70 年——一棒接一棒荒漠绿起来》，《人民日报》2021 年 9 月 17 日。

多样化持续推进……各国相互联系、相互依存，全球命运与共、休戚相关"①。

一是人类文明的交往应坚持守望相助的重要原则，携手共进为世界和平作出新贡献。我国的人类文明交往方式，从新中国成立初期你不犯我、我不犯你的和平共处，到随着我国经济实力和社会地位的提升进一步发展为新时代的守望相助、同舟共济。面对世界百年未有之大变局，无论是推动世界和平发展，还是赢得全球抗疫胜利，习近平总书记屡次强调世界各国都必须团结协作，要坚持守望相助、同舟共济，共同应对人类面临的挑战和危机。2013 年在印度尼西亚国会上，他提出"坚持守望相助"②，表明从应对经济发展困境、金融市场危机到抗击海啸、地震等自然灾害，中国始终和各国人民团结协作，共同肩负着维护地区和平稳定的责任。同年，在亚太经济合作组织会议上，他表明"愿意同所有家庭成员和睦相处、守望相助"③，共同维护地区和平稳定的局面。2014 年在中法建交 50 周年纪念大会上，他指出中法之所以能够保持和平友好的关系，"要归功于两国人民……守望相助"④。2016 年他在柬埔寨发表署名文章，强调"在关乎彼此核心利益和重大关切问题上两国风雨同舟、守望相助"⑤。2018 年在第十三届全国人民代表大会第一次会议上，他表示"中国人民始终团结一心、同舟共济……形成了守望相助的中华民族大家庭"⑥，为民族

①《习近平谈治国理政》第 2 卷，外文出版社 2017 年版，第 538 页。
②《习近平谈治国理政》第 1 卷，外文出版社 2014 年版，第 293 页。
③《习近平谈治国理政》第 1 卷，外文出版社 2014 年版，第 348 页。
④ 习近平：《在中法建交 50 周年纪念大会上的讲话》，中国政府网 2014 年 3 月 28 日。
⑤ 习近平：《做肝胆相照的好邻居、真朋友》，《人民日报》2016 年 10 月 13 日。
⑥《习近平谈治国理政》第 3 卷，外文出版社 2020 年版，第 141 页。

和谐、世界和平贡献中国力量。2020 年在第 75 届联合国大会一般性辩论上，他指出"各国人民守望相助……照亮了至暗时刻"①。2021 年在中国—东盟建立对话关系 30 周年纪念峰会上，他呼吁各国坚持"守望相助……携手应对亚洲金融危机、国际金融危机、新冠肺炎疫情等挑战"②。"思想是行动的先导，行动是思想的体现"，我们不仅呼吁人类社会要守望相助、同舟共济，更要以实际行动为世界和平发展发挥更大作用。2016 年南苏丹首都朱巴爆发武装冲突，面对重型武器的枪林弹雨，中国维和官兵用血肉之躯守护了 9000 多名平民的生命安全。2018 年，中国维和部队圆满完成利比里亚维和行动的各项任务。2020 年刚果（金）乌维拉地区暴发罕见洪灾，中国工兵分队临危受命奔赴抢险现场，加固堤坝、修复桥梁、疏通河道，保障了当地人民生命财产安全。截至 2020 年，从战前的谈判协商到战时的监督停火，再到战后稳定局势、保护平民与播撒希望，中国累计向利比亚、苏丹、刚果（金）、南苏丹、马里、塞浦路斯等 20 多个国家和地区派出维和官兵 4 万余人次，参加了 25 项联合国维和行动，为推进世界和平、维护地区安全与促进社会稳定作出重大贡献。2021 年在第 76 届联合国大会一般性辩论上，习近平主席宣布："中国将努力全年对外提供 20 亿剂疫苗，在向'新冠疫苗实施计划'捐赠 1 亿美元基础上，年内再向发展中国家无偿捐赠 1 亿剂疫苗。"③

二是人类文明的交往应坚持义利兼顾的重要原则，互利共赢为世界发展提供新机遇。随着经济全球化进程的不断深入发展，人类社会

---

① 《习近平在联合国成立 75 周年系列高级别会议上的讲话》，人民出版社 2020 年版，第 7 页。

② 习近平：《命运与共共建家园——在中国—东盟建立对话关系 30 周年纪念峰会上的讲话》，人民出版社 2021 年版，第 3 页。

③ 习近平：《坚定信心　共克时艰　共建更加美好的世界》，人民出版社 2021 年版，第 3 页。

的经济生产活动的组织形式愈加复杂，参与主体也愈加多元，客观上要求世界各国不断扩大对外开放、加强经济合作。对此，习近平总书记立足马克思主义价值原则，结合以义为先、义利相兼和协和万邦的中华优秀传统文化，继承和平发展道路、对外援助原则和对外开放国策的中国外交实践，创造性地提出了人类文明新形态的正确义利观。2015 年在联合国成立 70 周年系列峰会期间，习近平主席宣布 5 年内中国提供 100 个减贫项目、100 个农业合作项目、100 个促贸援助项目、100 个生态保护和应对气候变化项目、100 所医院和诊所、100 所学校和职业培训中心这 "6 个 100" 项目支持发展中国家，并帮助发展中国家实施 100 个妇幼健康工程和 100 个快乐校园工程这 "2 个 100" 工程，推动南南合作顺利开展。2017 年在首届 "一带一路" 国际合作高峰论坛上，习近平主席宣布未来 3 年内提供不少于 600 亿元人民币援建民生项目、20 亿元人民币紧急粮食援助，并向南南合作援助基金增资 10 亿美元，向有关国际组织提供 10 亿美元等一系列重要举措。截止到 2019 年 12 月，为贯彻落实中非合作论坛 "万村通" 举措，在乌干达、赞比亚、加纳、卢旺达、中非等 20 多个非洲国家的 7956 个村庄完成了卫星电视的安装。中国向亚洲、非洲地区和 "一带一路" 发展中国家的对外援助规模不断扩大、方式也日益多元。2013 年至 2018 年中国对外援助金额高达 2702 亿元人民币，涵盖 122 个国家和 20 个国际和区域性多边组织，并且通过援建项目、提供物资、技术合作、援助基金、减免国债、派遣医疗队与志愿者等多种手段开展南南合作。① 义利兼顾的正确义利观，既是习近平总书记胸怀

---

① 中华人民共和国国务院新闻办公室：《新时代的中国国际发展合作》，《人民日报》2021 年 1 月 11 日。

天下的重要理念之一，也是中国特色社会主义创造的人类文明新形态的重要原则之一。义利兼顾是建立在尊重国家主权基础上的重要原则，是对西方资本主义文明唯利是图、见利忘义和损人利己行径的超越。义利兼顾强调把国家利益与国际道义、中国发展与世界共同发展、中国人民利益与人类共同利益统筹起来，促进世界各国期待的共同发展，实现世界人民期盼的共同利益。对于世界上部分贫穷的发展中国家，我们要给予力所能及的支持和帮助，甚至有时要以义为先、重义轻利、舍利取义，展现胸怀天下的大国、大党担当。"立人之道曰义，生人之用曰利。"弘义融利、互利共赢是推动人类社会文明发展进步的价值追求和积极践行，是人类文明新形态必须秉持的重要原则。

三是人类文明的交往应坚持交流互鉴的重要原则，和合共生为世界大同谋求新格局。文明多样性是人类社会的基本特征，也是人类社会文明发展的客观规律。如果说意识是世界上最美丽的花朵，那么绚丽多彩的人类社会文明则是花团锦簇、姹紫嫣红的百花园。面对当今人类各种文明交流交融的时代大势和西方主导下文明冲突交锋的世界局势，习近平总书记站在人类文明和世界道义高度，深刻思考人类社会文明如何能够实现和合共生，指出，"文明因交流而多彩，文明因互鉴而丰富。文明交流互鉴，是推动人类文明进步和世界和平发展的重要动力"[1]。2019 年，"亚洲文明对话大会"在北京举办，围绕"文化旅游""文明多样性""文明互鉴""文明传承与发扬"等多个方面畅谈共享文明、共建亚洲，并通过"亚洲文化嘉年华"展现古今亚洲

---

[1]《习近平谈治国理政》第 1 卷，外文出版社 2014 年版，第 258 页。

文明风采，推动各国文明交流互鉴。同年，首届"文明交流互鉴对话会"在北京博物馆举办，世界不同文明地区代表围绕"建设一个不同文明交流互鉴、和谐共生的美丽世界"主题展开充分讨论，加强了人类文明之间的交流互鉴，促进了世界和平稳定与发展。对此，俄罗斯电视台纪录片部主任亚历山大·科佩索夫表示，作家陀思妥耶夫斯基曾在 19 世纪写下"美丽拯救世界"，而在 21 世纪我们可以说"文化拯救世界"。2020 年，"嵩山论坛"在河南省登封市举办，来自国内外的专家学者在新冠肺炎全球肆虐的背景下围绕"何以为家"的主题思考人类现实与未来，通过开展世界多元文明对话，探寻用人类合作发展路径来应对全球危机风险挑战，展现了中华文明家国同构、推己及人的天下情怀。2021 年，第六届"太湖世界文化论坛"在安徽蚌埠召开，来自世界各国的近 500 位中外嘉宾围绕"文明互鉴：共筑人类命运共同体"共商促进世界文明交流互鉴之策，共谋推动人类社会发展进步之道。人类社会就是通过不同文明之间的交流互鉴，使人类文明得到不断丰富、各自文明实现充分发展。人类文明新形态强调世界各国要共同"树立平等、互鉴、对话、包容的文明观"[①]，主张所有文明之间彼此尊重、互相学习，在保持各自文明相对独立的基础上，坚持交流互鉴的重要原则，摒弃隔阂冲突的旧式思维，构建平等交流、理性互鉴的现代文明秩序，共同缔造人类文明的百花园，共同推动人类社会文明进步。

[①]《习近平谈治国理政》第 3 卷，外文出版社 2020 年版，第 441 页。

三、 人类文明形态的世界意义： 文明发展的新样态

中国共产党成立百年之际，习近平总书记站在大潮流、大格局、大历史的高度，深刻总结中国共产党团结带领中国人民进行革命、建设和改革的百年经验和成就，全面概括中国特色社会主义物质、政治、精神、社会、生态文明协调发展的新文明观，把坚持和发展中国特色社会主义道路创造的重大文明成果，提升到人类文明新形态的新高度。人类文明新形态是中国共产党坚持以马克思主义为指导，结合中国具体实际与吸收人类文明成果的崭新创造，从根本上克服了西方资本主义文明形态和苏联社会主义文明形态的弊端。人类文明新形态既符合人类社会文明发展的一般规律，又具备指引世界各国文明发展的强大力量，深刻改变了中国，也深刻影响了世界，推进了人类社会文明发展的历史进程。

一是凝聚人类文明价值的新共识。在人类文明发展的历史长河中，各式各样的文明形态波澜壮阔，凝结着人类生产实践和交往活动的智慧成果，呈现出多样化发展的态势。在人类社会彼此交往过程中，不同文明都有其独特的历史背景、文化传统和风俗习惯，会形成自己特殊的文明发展路径，但都是朝着野蛮到文明、落后到进步的趋势演进。然而在当代西方资本主义唯我独尊、目空四海的文明霸权主导下，世界时常因利益、价值的冲突产生文明纠葛和矛盾，有些霸权主义国家甚至视其他不同的文明形态为愚昧、野蛮的状态，这就导致全球难以形成人类文明多元化发展的价值共识。对此，"我们要本着

对人类前途命运高度负责的态度，做全人类共同价值的倡导者"①。人类文明新形态作为中国特色社会主义为人类文明发展贡献的一条崭新路径，它既汲取了中华优秀传统文化精华，又结合了中国当代文明发展成果，还吸收了世界文明合理成分，同时兼具中国文明特色和人类文明范式的意义。人类文明新形态坚持"文明交流""文明互鉴""文明共存"，"弘扬和平、发展、公平、正义、民主、自由的全人类共同价值"②，摆脱了西方资本主义文明所认为的"文明隔阂""文明冲突""文明优越"观点，打破了西方"普世价值"对于世界文明发展的话语垄断。人类文明新形态的核心是全体人民、全人类，体现了人类对美好生活的向往，提倡将全人类共同价值生动地、具体地贯彻到国家治理和全球治理中去，为推动人类文明多元化发展凝聚了人类的价值共识。

二是指明人类文明发展的新方向。从人类文明发展趋势来看，人类社会必然走向现代化，而人类走向何方、如何走向则成为国际社会共同面临的一个重要问题。中国共产党在坚持科学真理指导、历经百年实践探索的基础上开创了人类文明新形态，回答了"两个大局"背景下人类社会文明发展走向的时代之问。首先，"应该坚持以人民为中心，努力实现更高质量、更有效率、更加公平、更可持续、更为安全的发展"③。人类文明新形态蕴含着人民至上的价值意蕴，它不代表任何特殊阶级、阶层的私人利益，而是立足全体人民的共同价值和共

---

① 习近平：《加强政党合作　共谋人民幸福——在中国共产党与世界政党领导人峰会上的主旨讲话》，人民出版社 2021 年版，第 4 页。

② 习近平：《在庆祝中国共产党成立 100 周年大会上的讲话》，人民出版社 2021 年版，第 16 页。

③ 习近平：《在中华人民共和国恢复联合国合法席位 50 周年纪念会议上的讲话》，人民出版社 2021 年版，第 7 页。

同利益，主张各国人民携手应对并解决人类社会的挑战和危机，进而实现全体人民共同富裕、各国文明共同繁荣。其次，应当坚持五大文明协调发展，这体现了人类社会文明发展的全面性。资本主义文明使人类社会成为"单面社会"，而生活在其中的人类则成为"单向度的人"，失去了自由全面发展的机会。与之相反，中国特色社会主义开辟的人类文明新形态，坚持五大文明协调发展，克服旧式人类文明顾此失彼、片面发展的困境，努力实现人的发展和社会进步。最后，应当坚持独立自主，走和平发展道路。人类社会文明发展具有一般规律，世界各国文明发展有其独特的特殊规律。一些国家为了快速实现国家发展、推进现代化进程，直接生搬硬套西方现代文明模式，结果导致政治混乱、经济下滑和社会动荡，甚至沦为他国附庸，举步维艰。而人类文明新形态给世界各国发展道路提供了一种全新选择，指明了人类社会文明发展的一般规律和目标旨归，强调人类社会在尊重各国道路、制度与文化等方面差异性的基础上，坚持实现各国特殊利益与人类共同利益的统一性。

三是开辟人类文明进程的新境界。人类文明新形态作为人类社会发展的新样态和新观念，在总结概括我国独特的历史文化、思想理论和实践经验基础上，吸收借鉴了人类社会一切先进文明成果，呈现出前所未有的世界历史意义，给人类社会文明发展带来了崭新形态。人类文明新形态始终坚持遵循人类社会发展基本规律和民族国家发展特殊规律的统一，始终致力于推动人的自由全面发展、实现人与人之间的和谐相处和人与自然之间的和谐共生，科学回答了世界如何发展、人类走向何方的"世界之问""时代之问"。首先，人类文明新形态扭转了人与自身的关系。旧式人类文明发展建立在资本逻辑对人的剥削和压迫基础上，严重遮蔽了人的自由个性的发展；人类文明新形态则通过各式文明协调发展，不断满足人的各方面诉求，实现人的自由全面发展。其次，人类文明新形态重塑了人与社会的关系。资本主义文明主导下的世界秩序，必然导致人民与世界、国家与世界的激烈矛盾；人类文明新形态主张亲仁善邻、协和万邦的处世之道，强调不同人类文明之间和睦相处、和衷共济，弘扬全人类共同价值，实现个人利益和普遍利益的共同发展。最后，人类文明新形态调整了人与自然的关系。西方现代文明是建立在牺牲自然生态环境为代价的基础上，虽实现了物质财富的迅速增长，但给人类社会造成了巨大影响，严重威胁人类的生存和发展；人类文明新形态坚持人类生存发展目的性和社会历史发展规律性的统一，践行绿色、协调、可持续的发展理念，在自然可承受的限度范围内尽量满足人类生存发展需求，进行人与自然之间的物质变换，以缓解人与自然之间的紧张关系，实现人与自然的和谐共生。

"当前，世界百年未有之大变局加速演进，新一轮科技革命和产业变革深入发展，国际力量对比深刻调整，我国发展面临新的战略机遇。同时，世纪疫情影响深远，逆全球化思潮抬头，单边主义、保护主义明显上升，世界经济复苏乏力，局部冲突和动荡频发，全球性问题加剧，世界进入新的动荡变革期。"面对世界局势的深刻变化，世界往何处去、我们该怎么办的问题，摆在了中国共产党人的面前。在党的二十大上，习近平总书记庄严向世界宣告："我们所处的是一个充满挑战的时代，也是一个充满希望的时代。中国人民愿同世界人民携手开创人类更加美好的未来。"在新时代新征程中，中国共产党人必将坚持世界眼光，坚持胸怀天下的情怀，深刻洞察人类发展进步潮流，为解决人类面临的共同问题作出贡献，推动建设更加美好的世界。